Dr. Oetker

Hochzeitstorten

Hochzeitstorten

Dr. Oetker Verlag

Kapitelübersicht

Girlandentorte

Klassisch, edel, schön: Für Hochzeitstorten ist ein Hauch von Retro topaktuell. Girlanden setzen dabei den Trend: Als traditionelles Symbol für Verbundenheit.

Zeitrahmen:

3–4 Tage vorher:
Girlandenkrone vorbereiten, trocknen lassen. Pistazien-Rosen-Kuchen und Amarena-Kirsch-Kuchen zubereiten. Pistazienbiskuit backen.

1 Tag vorher:
Pistazien-Erdbeer-Biskuit zusammensetzen. Die Kuchen mit Rollfondant einkleiden und garnieren.

Der Liebesgöttin Venus opferten Frauen einst Girlanden und baten sie mit einem solchen Geschenk um dauerhaftes Glück. Im Biedermeier bestickten junge Frauen die Kopfkissen fürs künftige Ehebett mit weißen Girlanden, und noch heute sind sie eine beliebte Deko dafür. Für alle, die ihren Lebenscocktail gern mit einem Spritzer Retro-Romantik mischen.

Vor knapp 200 Jahren, als die Girlanden erstmals toptrendy waren, entdeckten die stolz gewordenen Bürger den Chic adeliger Bräuche. Sie veredelten deren große Show um Reichtum und Status zur romantischen Hochzeit in Weiß.

Zu vielen der damaligen Hochzeitbräuche, besonders auf dem Land, gehören Anspielungen, deren Deutlichkeit manch eine Braut erröten ließen. Vor Scham oder Vorfreude.

In der Stadt, in der deftige Reden nur unter Männern erlaubt waren, entschied man sich deshalb gern für die romantisch-liebenswürdige und durch keine Hochzeitsrede zu erotisierende Girlande. Weil sie in Weiß so neutral-hübsch aussieht wie in Rosa. Und weil sie die Hochzeitstorte umrundet wie ein wohlerzogener Bräutigam damals die ihm frisch Angetraute umarmen sollte: Dezent.

Diese Art von Zurückhaltung beim Brautkuss ist alt und out. Weiß-coole Girlanden sind es nicht, denn Romantik ist wieder angesagt. Zumindest am Hochzeitstag.

PISTAZIEN-ROSEN-KUCHEN

BILD 1

Für den Rührteig:

250 g	Pistazienkerne
250 g	abgezogene, gemahlene Mandeln
50 ml	Rosenwasser
750 g	weiche Butter
600 g	gesiebter Puderzucker
½ TL	Butter-Vanille-Aroma
12	Eier (Größe L)
3	Eigelb (Größe L)
1,3 kg	Weizenmehl
3 gestr. TL	Dr. Oetker Backin
2	Eiweiß (Größe L)
180 g	Zucker

1. Ein Backblech mit Backpapier auslegen. Einen flexiblen Tortenring (Höhe 10 cm) daraufstellen und ausziehen (Ø 30 cm). Backpapierecken am Ring hochziehen und mit Küchenband umlegen. Band festknoten. **2.** Pistazienkerne im Blitzhacker fein hacken, mit 100 g gemahlenen Mandeln und Rosenwasser mischen. Den Backofen auf 180 °C Ober-/Unterhitze vorheizen. **3.** Butter in einer Küchenmaschine mit Rührbesen schaumig rühren. Nach und nach Puderzucker, Salz und Aroma unterrühren. Eier und Eigelb nach und nach unterrühren. **4.** Mehl mit Backpulver und restlichen Mandeln mischen, in mehreren Portionen auf mittlerer Stufe unterrühren. Teig in den Tortenring geben und glattstreichen. **5.** Eiweiß steifschlagen. Zucker in etwa 2 Minuten darunterschlagen. Pistazien-Mandel-Masse unterrühren, in einen Spritzbeutel mit Lochtülle (Ø 6 mm) füllen und gleichmäßig in den Teig spritzen. Dabei die Lochtülle tief in den Teig stecken und nach oben ziehen. Das Backblech für etwa 2 Stunden in den vorgeheizten Backofen schieben, evtl. nach 90 Minuten mit Backpapier belegen. **6.** Kuchen auskühlen lassen. Tortenring und Backpapier entfernen.

Pistazien
Amarenakirschen
Rosenwasser

AMARENA-KIRSCH-KUCHEN

BILD 2

Für den Rührteig:

1 Glas	Amarenakirschen (etwa 400 g Einwaage)
500 g	weiche Butter
300 g	Zucker
1	Prise Salz
8	Eier (Größe L)
650 g	Weizenmehl
3 gestr. TL	Dr. Oetker Backin
100 g	Amarettini (italienisches Makronengebäck)
50 g	Pistazienkerne

1. Ein Backblech mit Backpapier auslegen. Einen flexiblen Tortenring (Höhe 10 cm) daraufstellen und ausziehen (Ø 26 cm). Die Backpapierecken am Ring hochziehen und mit Küchenband umlegen. Das Band festknoten. **2.** Amarenakirschen in einem Sieb abtropfen lassen, dabei den Sirup auffangen. Den Backofen auf 180 °C Ober-/Unterhitze vorheizen. **3.** Butter in einer Küchenmaschine mit Rührbesen 3 Minuten schaumig rühren. Nach und nach Zucker und Salz unterrühren. Eier nach und nach unterrühren. Mehl mit Backpulver mischen und in mehreren Portionen unterrühren. Amarettini, Pistazienkerne und Amarenakirschen unter den Teig heben. **4.** Den Teig in den Tortenring geben und glattstreichen. Das Backblech für etwa 80 Minuten in den vorgeheizten Backofen schieben. **5.** Den Kuchen auf einem Kuchenrost auskühlen lassen. Backpapier und Tortenring entfernen. **6.** Die gewölbte Oberfläche des Kuchens eventuell gerade schneiden und mit einem Holzstäbchen Löcher in den Kuchen stechen. Den Kuchen mit dem Amarenasirup tränken. Den Kuchen umdrehen und aus dem Tortenring lösen.

ERDBEER-PISTAZIEN-KUCHEN

BILD 3

Für den Pistazien-Biskuitteig:

200 g	Pistazienkerne
180 g	Weizenmehl
6	Eier (Größe L)
2 EL	heißes Wasser
200 g	Zucker
1 Prise	Salz

Für das Erdbeerpüree:

350 g	Erdbeeren
100 g	Puderzucker

1. Ein Backblech mit Backpapier auslegen. Einen flexiblen Tortenring (Höhe 10 cm) daraufstellen und ausziehen (Ø 22 cm). Die Backpapierecken am Ring hochziehen und mit einem Küchenband umlegen. Das Band festknoten. Den Backofen auf 180 °C Ober-/Unterhitze vorheizen. **2.** Für den Biskuitteig Pistazienkerne im Blitzhacker fein hacken und mit Mehl vermischen. **3.** Eier und Wasser in einer Küchenmaschine mit Schlagbesen schaumig schlagen. Zucker und Salz einstreuen und mindestens 3 Minuten weiterschlagen. Pistazien-Mehl-Mischung in mehreren Portionen unterheben. Den Teig in den Tortenring füllen. Das Backblech für etwa 55 Minuten in den vorgeheizten Backofen schieben. **4.** Den Biskuit auf einem Kuchenrost auskühlen lassen. Tortenring und Backpapier entfernen. Den Biskuit 3-mal waagerecht durchschneiden. **5.** Für das Püree Erdbeeren abspülen, abtropfen lassen, putzen und in eine hohe Rührschüssel geben, Puderzucker hinzufügen und mit einem Mixstab pürieren. Die 3 unteren Biskuitböden mit dem Erdbeerpüree bestreichen und aufeinandersetzen. Mit dem oberen Biskuitboden bedecken.

SCHMUCK

Für die Girlandenkrone:

300 g Rollfondant

Für die Girlanden und Bänder:

600 g Rollfondant
Icing-Masse oder CMC-Kleber zum Ankleben
400 g Icingpulver
etwa 40 ml Wasser

KLEID

Zum Einkleiden der Kuchen:

450 g rotes Johannisbeergelee
2 EL Zucker
2,4 kg Rollfondant
Puderzucker zum Ausrollen

WERKZEUGE

3 Tortenscheiben
Ausstecherset, rund
Modellierbesteck
Backpinsel
Silikonrolle
Fondantmesser
Glättespachtel
Lineal (50 cm lang)
Einweg-Spritzbeutel mit Lochtülle (Ø 6 mm)

Rollfondant Johannisbeergelee Puderzucker

1. Für die Girlandenkrone Rollfondant auf Zimmertemperatur erwärmen und geschmeidig kneten. Den Fondant auf einer mit Puderzucker bestäubten Arbeitsfläche etwa ½ cm dick ausrollen. 5 Halbkreise (Ø 8 cm) ausstechen. **2.** Mit einem Modellierbesteck 5 Girlanden ausformen. Die Innenkreise ausschneiden. **3.** Die Girlanden über große Gläser legen. 6 Kreise (Ø 2 cm) ausstechen. Girlanden und Kreise auf den Gläsern trocknen lassen. **4.** Zum Einkleiden Johannisbeergelee und Zucker in einem Topf unter Rühren aufkochen lassen, bis der Zucker aufgelöst ist. Die einzelnen Kuchen mit Johannisbeergelee bestreichen. Eine Silikonmatte mit Puderzucker bestäuben. Für den unteren Pistazien-Rosen-Kuchen etwa 1 kg Rollfondant auf der Matte zu einer runden Platte (Ø etwa 50 cm) ausrollen. Die Platte auf eine Silikonrolle wickeln und auf dem Kuchen abrollen. **5.** Den überstehenden Fondant mit den Händen von oben nach unten glatt an den Kuchenrand drücken. Überhängenden Fondant abschneiden. Mit einem Glättespachtel glattstreichen. **6.** Etwa 800 g Rollfondant zu einer runden Platte (Ø 46 cm) ausrollen. Den Amarena-Kirsch-Kuchen damit einkleiden. Etwa 600 g Rollfondant zu einer runden Platte (Ø 38 cm) ausrollen und den Erdbeer-Pistazien-Kuchen damit einkleiden. Beide Kuchen ebenfalls mit dem Glättespachtel glattstreichen. Die einzelnen Kuchen aufeinandersetzen. **7.** Für die Girlanden und Bänder etwa 600 g Rollfondant auf einer mit Puderzucker bestäubten Silikonmatte etwa ½ cm dick ausrollen. Mit runden Ausstechformen 10 Halbkreise (Ø 9 cm), 12 Halbkreise (Ø 6 cm) und 14 Halbkreise (Ø 5 cm) daraus ausschneiden. Mit Modellierstäben Muster hineindrücken und ausschneiden. Die Girlanden mit angerührtem Icingpulver an den Tortenrand kleben (die großen Halbkreise unten, die kleineren Halbkreise oben). **8.** Aus dem restlichen Rollfondant Bänder formen und modellieren. **9.** Icingpulver mit Wasser anrühren und in einen Einweg-Spritzbeutel mit Lochtülle (Ø 6 mm) füllen. Punkte und Tupfen auf die Tortenränder spritzen. **10.** Die getrockneten Girlanden (von Punkt 1) und die Medaillons mit der Icingmasse wie eine Krone an einen Glaszylinder kleben und trocknen lassen. Bänder mit Icingmasse ankleben. **11.** Die vorbereitete Krone vom Zylinder lösen und auf die Torte setzen. Die vorbereiteten Bänder ankleben. **12.** Die einzelnen Girlanden mit Punkten aus Icingmasse verzieren.

1
2
3
4
5
6
7
8
9
10
11
12

Erdbeerherz

Garantiert der meist fotografierte Star neben dem Brautpaar: das Riesenherz. Groß und leicht genug, um 30–35 Gästen als Vorspeise zum Hochzeitstanz zu dienen.

Zeitrahmen:

2 Tage vorher:

Tortenunterlage aus fester Pappe oder Holzplatte herstellen und mit gefärbtem Fondant überziehen.

1 Tag vorher:

Mürbeteig und Makronenteig zubereiten und backen. Pudding kochen, aufstreichen. Direkt auf den Pudding Frischhaltefolie legen. Teigherz kühl stellen.

Am Tag der Hochzeit:

Erdbeeren vorbereiten, auflegen und mit Tortenguss überziehen.

Rot wie die Liebe, so groß wie die Freude darüber, dass alle Freunde zum Mitfeiern gekommen sind, und so sommersüß, dass alle aufgetretenen Schwierigkeiten bei der Festplanung schnellstens vergessen sind – das überdimensionierte Erdbeerherz verführt selbst überzeugte Singles zum Träumen vom gemeinsamen Glück. Das ist kein Wunder:

Aus ihren unschuldig-weißen Blüten entwickelt die unscheinbare Erdbeer-Pflanze eine romantisch-rote Frucht, die durch ihre rund-spitze Form an ein Herz erinnert und durch ihren allseits beliebten Geschmack überzeugt.

Doch erst vor rund 300 Jahren brachten Samenhändler amerikanische Erdbeerpflanzen mit größeren Früchten über den Atlantik, „verheirateten" sie mit der bescheiden-kleinen, aber aromatischeren Walderdbeere und verwandelten die Erdbeere so in die ideale Dekoration für eine Hochzeitstorte. Ausnahmsweise flach, sprengt diese Erdbeertorte durch ihre Größe alle Alltagsdimensionen.

Ein außergewöhnlicher Tag soll schließlich auch bleibende Erinnerungen schaffen. Dass dazu nicht unbedingt ausgefallene Zutaten und ein ungewöhnlich großer Zeitaufwand fürs Backen gehören, beweist das „nur" mit Erdbeeren belegte und dadurch besonders frisch, leicht und saftig schmeckende Riesenherz.

ERDBEERHERZ

BILD 1

Für den Mürbeteig:

- 900 g Weizenmehl
- 200 g feiner Zucker
- 100 g gesiebter Puderzucker
- ½ TL Salz
- 600 g Butter
- 4 Eigelb (Größe L)

Für den Makronenteig:

- 4 Eiweiß (Größe L)
- 800 g Marzipan-Rohmasse
- 30 g geschälte Pistazienkerne

Für den Vanillepudding:

- 2 Pck. Dr. Oetker Pudding-Pulver Vanille-Geschmack
- 1 Prise Salz
- 500 ml Milch
- 600 g Schlagsahne (32 % Fett)
- 120 g Zucker
- 1 Pck. Dr. Oetker Bourbon Vanille-Zucker

Für den Belag:

- 2 kg Erdbeeren
- 2 Pck. Tortenguss, klar, ungesüßt
- 150 g Zucker
- 500 ml schwarzer Johannisbeernektar

Außerdem:

- 1 Tortenunterlage in Herzform, selbstgemacht, aus fester Pappe oder Holzplatte (Größe etwa 50 cm)

Zubereitung siehe Seite 16.

HIMBEER-ORANGEN-HERZ

BILD 2

- 1 Tortenunterlage in Herzform mit gelb-marmoriertem Fondant-Überzug
- 1 Mürbeteig-Makronenherz

Für den Pudding:

- 4 Bio-Orangen (unbehandelt, ungewachst)
- etwa 900 ml Orangensaft
- 120 g Zucker
- 2 Pck. Dr. Oetker Pudding-Pulver Vanille-Geschmack
- 200 g Butter

Für den Belag:

- 2,25 kg Himbeeren
- 2 Pck. Tortenguss, klar, ungesüßt
- 150 g Zucker
- 500 ml schwarzer Johannisbeernektar

1. Die Orangen heiß abspülen, die Schale dünn abreiben. Die Orangen auspressen, mit dem restlichen Saft auf 1,1 Liter auffüllen. **2.** 900 ml Orangensaft in einem Topf zum Kochen bringen. 200 ml Orangensaft mit Orangenschale, Zucker und Puddingpulver in einer Schüssel verrühren, unter Rühren in den kochenden Saft geben und unter Rühren aufkochen lassen. **3.** Den Orangenpudding vom Herd nehmen. Butter in Stücke schneiden und unter Rühren im Pudding auflösen. **4.** Den heißen Orangenpudding auf das Mürbeteigherz streichen. Direkt auf den Pudding Frischhaltefolie legen. Abkühlen lassen. **5.** Die Himbeeren verlesen und auf der Puddingcreme verteilen. Tortenguss und Zucker in einem Topf verrühren. Nach und nach Johannisbeernektar dazugeben und unter Rühren einmal aufkochen und vom Herd nehmen. Den heißen Tortenguss mit einem Esslöffel von innen nach außen über die Beeren verteilen.

Marzipan
Erdbeeren
Pistazien

3

TRAUBENHERZ MIT WEINCREME

BILD 3

1 Tortenunterlage in Herzform mit gelb-marmoriertem Fondant-Überzug
1 Mürbeteigherz-Makronenherz

Für den Pudding:
1,1 l trockener Weißwein (z. B. Riesling)
2 Pck. Dr. Oetker Pudding-Pulver Vanille Geschmack
120 g Zucker
1 Pck. Dr. Oetker Bourbon Vanille-Zucker
150 g Butter

Für den Belag:
2,5 kg kernlose Weintrauben
2 Pck. Dr. Oetker Tortenguss, klar, ungesüßt
100 g Zucker
500 ml heller Traubensaft

1. 900 ml Weißwein in einen Topf gießen. Mit Zucker, Vanille-Zucker und Salz zum Kochen bringen. **2.** Puddingpulver und restlichen Weißwein in einer Schüssel verrühren und unter Rühren in den kochenden Weißwein geben. Unter Rühren aufkochen lassen. Den heißen Pudding auf das Mürbeteigherz streichen. Direkt auf den Pudding Frischhaltefolie legen. Den Pudding abkühlen lassen. **3.** Weintrauben abspülen, trockentupfen und von den Stielen zupfen. Die Trauben auf dem Pudding verteilen. **4.** Für den Guss Tortenguss und Zucker in einem Topf verrühren. Traubensaft unter Rühren dazugeben. Zum Kochen bringen, einmal aufkochen lassen und vom Herd nehmen. Den heißen Tortenguss mit einem Esslöffel von innen nach außen über die Trauben verteilen. Guss abkühlen und fest werden lassen.

Erdbeeren Makronentupfen Pistazien

WERKZEUGE

- Backpapier
- 2 Backbleche oder 2 rechteckige Alu-Tortenunterlagen
- 1 Spritzbeutel
- 1 Sterntülle fein (Ø 16 mm)
- 1 kleiner Butangas-Brenner
- stabile Pappe oder 1 Holzplatte (50 x 60 cm)

1. Ein halbes Herz (etwa 40 cm Länge, nicht größer als das Backblech oder eine Alu-Tortenunterlage) auf ein Stück Papier zeichnen. Nacheinander zwei Bögen Backpapier darauflegen und das Herz durchpausen. **2.** Mehl, Zucker, Puderzucker und Salz in einer Schüssel mischen. In die Mitte eine Vertiefung drücken. Butter in kleine Stücke schneiden und auf dem Mehlgemisch verteilen. Eigelb auf den Zucker geben. Die Teigzutaten in der Küchenmaschine mit Knethaken oder mit den Knethaken des Handrührgerätes rasch verkneten. Mit den Händen zu einem glatten Teig verarbeiten. Den Teig in Frischhaltefolie wickeln und mindestens 1 Stunde kalt stellen. **3.** Den Backofen auf 180 °C Ober-/Unterhitze (Umluft 160 °C) vorheizen. Backpapier mit der beschrifteten Seite nach unten auf die Arbeitsfläche legen. Den Teig halbieren und zu zwei Ovalen formen. Ovale auf dem Backpapier in der vorgezeichneten Größe ausrollen. **4.** Die Herzhälften mit dem Backpapier auf zwei Backbleche oder zwei Alu- Tortenunterlagen ziehen. Evtl. die Schnittkanten gerade abschneiden. Die Backbleche oder Tortenunterlagen nacheinander (bei Umluft zusammen) für etwa 15 Minuten in den vorgeheizten Backofen schieben. **5.** Für die Makronenmasse Eiweiß und Marzipan mit den Knethaken des Handrühregerätes zu einer glatten Masse verkneten. Wenn sich Klumpen bilden, die Masse durch ein Sieb streichen. **6.** Die Makronenmasse in einen Spritzbeutel mit Sterntülle, fein gezackt (Ø 16 mm) füllen. Auf den Herzrand, dicht an dicht, etwa 4 cm hohe Tupfen spritzen und mit halbierten Pistazienkernen belegen. Backbleche oder Tortenunterlagen bei gleicher Temperatur für etwa 10 Minuten in den Backofen schieben und fertig backen. Auf Kuchenrosten auskühlen lassen. **7.** Aus stabiler Pappe oder einer Holzplatte ein Herz ausschneiden bzw. sägen. Das Herz sollte etwa 10 cm größer sein als der Kuchen. Rollfondant geschmeidig kneten und mit Speisefarbe marmoriert einfärben. Den Fondant mit Puderzucker bestäuben und etwas größer als die Platte ausrollen. Das Herz mit Puderzucker bestäuben, auf die Teigrolle wickeln und über der Platte abrollen. Eiweiß verquirlen. Die Kanten der Platte damit bestreichen, den Fondant rundherum andrücken. Überstehenden Fondant abschneiden. **8.** Die Makronentupfen nach dem Backen mit einem Butangas- Brenner bräunen. **9.** Die Herzteighälften auf die Fondantplatte ziehen und zusammenschieben. **10.** Puddingpulver mit 200 ml Milch verrühren. Restliche Milch und Sahne mit Zucker , Vanillezucker und Salz in einen Topf geben und zum Kochen bringen. Angerührtes Puddingpulver in die kochende Milch geben, unter Rühren aufkochen lassen. Den Pudding auf den Teig geben und glattstreichen. Abkühlen lassen. **11.** Erdbeeren in einem Sieb abspülen und auf Küchenpapier abtropfen lassen. Erdbeeren putzen und auf den Herzkuchen legen. **12.** Tortenguss und Zucker in einem Topf verrühren. Nach und nach Johannisbeernektar unterrühren und unter Rühren aufkochen lassen. Den Tortenguss mit einem Esslöffel von der Mitte nach außen über die Erdbeeren geben. Den Guss abkühlen und fest werden lassen.

1
2
3
4
5
6
7
8
9
10
11
12

Rosentörtchen

Erst zarter Tischschmuck, dann leichtes Dessert:
Das Ein-Portionen-Minitörtchen lockt jeden.
Auch weil die Rose, die es schmückt, „warm welcome" heißt.

Zeitrahmen:

2–3 Tage vorher:
Fondantteller herstellen. Rosen formen.

1 Tag vorher:
Törtchen herstellen, mit Rollfondant überziehen und garnieren.

Einige Stunden vor dem Servieren:
Die Rosen aufkleben.

Gelbe Rosen, so sagen die Kenner der Blumensprache, reden nicht von heißer Liebe wie ihre roten Verwandten. Sie symbolisieren Zärtlichkeit, sind Blüten für Sensible. Deshalb tragen sie auch so zart-schöne Namen wie Laura Ford, Sutters Gold, und Jayne Austin oder sie liefern, wie dieses Törtchen, den Gästen ein herzliches Willkommen in zartestem Gelb.

Während eines großen Hochzeitsmenüs eignen sich die Minis sehr gut als Tischdekoration, am schönsten zwischen Ranken aus gelben Naturrosen. Und wenn alle glauben, längst satt zu sein, locken sie mit ihrem Amaretto-Mandel-Aroma als ausgefallenes Dessert – dazu passen nicht nur trockener Sekt oder Champagner, sondern auch ein Gläschen Trockenbeerenauslese vom Riesling – oder als Petit Four zum Kaffee.

Törtchen wie diese sind das richtige Geschenk für ein Brautpaar, das eher auf Eleganz als auf Opulenz Wert legt und bei der Hochzeit lieber Zurückhaltung zeigt. Wenn bekannt ist, dass Braut und Bräutigam extravagantes Heiraten gern jenen überlassen, die demonstrative Romantik suchen, dann genügt ihnen eine gelbe Einzelrose auf dem Kuchen. Als Anerkennung ihrer nun amtlich bekundeten Liebe.

Das Rosentörtchen ist übrigens auch das perfekte Gastgeschenk für die immer beliebter werdenden „Outdoor"-Hochzeiten – auf einem Schiff, im Stadtpark, an einem schönen Waldrand oder auf einem Berggipfel. Eine mehrstöckige Torte nimmt den Transport ins Freie oft übel. Das kleine Einzeldessert jedoch hat nichts dagegen.

ROSENTÖRTCHEN

BILD 1

Für den Biskuitteig:

6	Eier (Größe L)
120 g	feiner Zucker
1 Prise	Salz
120 g	Weizenmehl
20 g	Kakaopulver

1. Ein Backblech mit Backpapier auslegen. Den Backofen auf 180 °C Ober-/Unterhitze vorheizen. 2. Eier in eine Rührschüssel geben und mit den Rührbesen des Handrührgerätes etwa 2 Minuten schaumig schlagen. Zucker einrieseln lassen und weitere 2 Minuten schlagen. 3. Mehl und Kakaopulver mischen und in 2 Portionen kurz unter die Eiermasse rühren. Den Biskuitteig auf das Backpapier geben und glatt streichen. 4. Das Backblech für etwa 15 Minuten in den vorgeheizten Backofen schieben. 5. Einen Bogen Backpapier mit Zucker bestreuen und die Biskuitplatte darauf stürzen. Mitgebackenes Backpapier abziehen. Biskuitplatte auf einem Kuchenrost auskühlen lassen. 6. 12 Kreise (Ø 5 cm) und 12 Kreise (Ø 7 cm) ausstechen. Biskuitreste beiseitelegen.

BILD 2

Für die Mousse-au-Chocolat-Krokant-Füllung:

80 g	Biskuitreste
150 ml	Amaretto (Mandellikör)
50 g	geschälte, gehackte Mandeln
50 g	feiner Zucker
250 g	Zartbitter-Kuvertüre
500 g	Schlagsahne (32 % Fett)
4	Baisers (25 g)

1. Eine gefrierfeste Muffinform (für 12 Muffins) bereitstellen. 2. Biskuitreste in feine Stücke zupfen. Mit 4 Esslöffeln Amaretto beträufeln und beiseitestellen. 3. Die Mandeln in einer Pfanne ohne Fett bei schwacher Hitze hellbraun rösten. Zucker in einem Topf bei mittlerer Hitze hellbraun karamellisieren lassen. Die heißen Mandeln unter den Karamell rühren, auf ein Stück Backpapier geben und auskühlen lassen. Den Mandelkrokant fein hacken. 4. Kuvertüre grob hacken und über dem Wasserbad schmelzen. Sahne halb steif schlagen. Die Hälfte der Sahne mit einem Teigschaber unter die heiße Kuvertüre rühren. Die übrige Sahne unterheben. 2 Esslöffel der Schokoladensahne kühl stellen. 5. Mandelkrokant und Biskuitbrösel unter die Mousse au

Sahne Mandeln Amaretto

Chocolat heben. Die Mousse in die Muffinmulden verteilen. 6. Die Baisers in 12 Stücke brechen. In jede Portion Mousse ein Stück Baiser drücken. Die großen Biskuitkreise auf die Mousse legen und mit der Hälfte des übrigen Amaretto beträufeln. Die Muffinform für mindestens 2 Stunden in den Tiefkühlschrank stellen. 7. Die Muffinform evtl. kurz in heißes Wasser tauchen. Die Mousse-au-Chocolat-Törtchen aus der Form lösen, umdrehen und auf eine Platte stellen. Mit den kleinen Biskuitkreisen bedecken. Restlichen Amaretto darauf träufeln. Kurz einziehen lassen. 8. Die Oberflächen der Törtchen mit der beiseitegestellten Schokoladenmousse dünn einstreichen.

KLEID

Zum Einkleiden:
1 kg Rollfondant

Für den Kleber:
250 ml kaltes Wasser
1 TL CMC-Pulver

SCHMUCK

Für 12–14 große Rosen:
250 g Rollfondant
½ TL CMC-Pulver
gelber Farbstoff
Puderzucker oder Kartoffelstärke zum Ausrollen

Spritzguss:
30 g sehr frisches Eiweiß
200 g gesiebter Puderzucker
goldfarbene Zuckerperlen

WERKZEUGE

Teigrolle
Frischhaltefolie
Holzstäbchen
Rosenblütenausstecher
Modellier-Schaumstoffunterlage
Modellierknochen
feine Pinsel
Backpapier
evtl. Einwegspritzbeutel mit feiner Lochtülle
Pinzette

1. Den Rollfondant geschmeidig kneten. Für die Törtchen 400 g Rollfondant 0,5 cm dick ausrollen. 12 runde Platten (Ø 10 cm) ausstechen und 2 Tage trocknen lassen. Übrigen Rollfondant in Frischhaltefolie gewickelt aufbewahren. **2.** Für den Kleber das Wasser in einen Topf geben, CMC-Pulver in das Wasser rühren und einmal aufkochen. Den Kleber abkühlen lassen und in ein Glas mit Schraubverschluss füllen. Den Kleber bis zum Gebrauch im Kühlschrank aufbewahren. **3.** Für die Rosen den Rollfondant mit CMC-Pulver verkneten. So wird er elastisch und die Blüten können hauchdünn modelliert werden. Nicht benötigten Fondant in Frischhaltefolie wickeln, damit er nicht antrocknet. **4.** Den Fondant für die Blüten mit etwas gelber Speisefarbe verkneten, so dass ein Marmormuster entsteht. **5.** Für die Knospen ⅓ des marmorierten Fondants zu einer Rolle formen. Die Rolle in 12–14 Stücke teilen. Die Stücke zu Kugeln formen. Jede Kugel zu einer Blütenknospe modellieren. Die Knospen einzeln auf Hozstäbchen stecken und etwas antrocknen lassen. **6.** Die Arbeitsfläche mit Puderzucker oder Kartoffelstärke bestäuben. Eine kleine Portion marmorierten Fondant abnehmen, restlichen Fondant weiterhin abdecken. Den Fondant sehr dünn ausrollen. Mit einem Rosenausstecher flache Blüten ausstechen. **7.** Die flachen Blüten auf eine Modellierunterlage legen. Die Ränder der Blütenblätter mit einem Knochen-Modellierstab hauchdünn modellieren. Für größere wellige Blätter mit dem Modellierstab zwei- bis dreimal von der Blütenmitte nach außen streichen. **8.** Die getrockneten Knospen mit dem vorbereiteten CMC-Kleber dünn einstreichen. Die Blütenkränze von beiden Seiten mit CMC-Kleber bestreichen. **9.** Eine flache Blüte auf die Fingerspitzen einer Hand legen. Einen Holzstab mit Knospe von oben mittig auf die Blüte (zwischen zwei Finger) schieben. Die Blütenblätter nacheinander an die Knospe drücken. **10.** Die nächste flache Blüte auf die gleiche Weise ankleben und die Blütenblätter mit einem Holzstäbchen vorsichtig hochdrücken. Für jede Rose 4–6 flache Blüten verwenden. Auf diese Weise 12–14 Rosen herstellen. Fertige Rosen vom Stab nehmen und auf Backpapier trocknen lassen. **11.** Zum Einkleiden den übrigen Rollfondant geschmeidig kneten und in 12 Portionen teilen. Jede Portion kreisförmig ausrollen. Die Törtchen mit Fondant einkleiden. Überstehenden Fondant abschneiden. Zutaten für den Spritzguss verrühren. Den Guss in eine Papierspritztüte füllen. Die Törtchen auf die getrockneten Fondantplatten setzen. Mit dem Spritzguss ein Gittermuster auf die Törtchen spritzen. **12.** Jedes Törtchen mit einer Rose dekorieren. Aus dem Guss Punkte in die Zwischenräume der Gitter spritzen. Goldperlen mit einer Pinzette hineindrücken.

Rollfondant
Rosenblüten
Zuckerperlen

Tipp: Die Törtchen auf 12 runde Papp-Kuchenplatten (Ø 15 cm) setzen.

1
2
3
4
Gelb
5
6
7
8
9
10
11
12

Herztorte

Im selben Takt leben, dem Partner täglich neuen Schwung geben.
Die Zuckerherzen versprechen:
Wir werden durchs Leben tanzen – mal Hiphop, mal Tango.

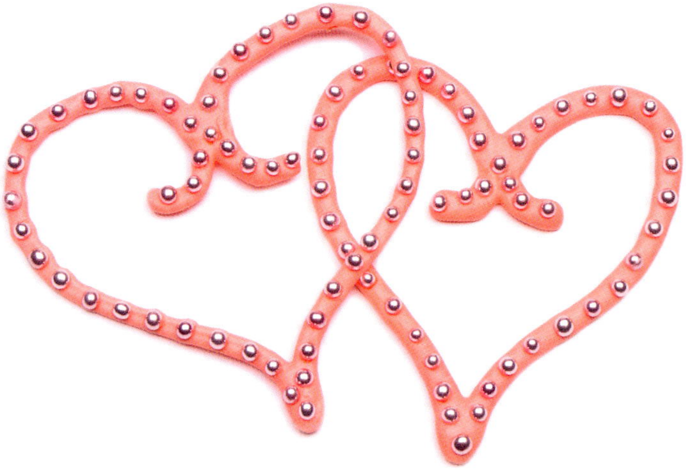

Zeitrahmen:

1–2 Wochen vorher:
Zuckerherzen auf Backpapier spritzen. Sie müssen mindestens 4 Tage trocknen.

3 Tage vorher:
Schokoladenkuchen und Shortbread backen.

2 Tage vorher:
Erdbeertorte backen. Die Torten füllen, fertig stellen und kühl stellen.

1 Tag vorher:
Die Torte zusammensetzen. Mit Rollfondant einkleiden. Getrocknete Herzen anbringen.

Vor dem Servieren:
Die großen Herzen in die Torte stecken.

Zwei Herzen im Dreivierteltakt? Das ist selten geworden, aber auch wenn sie heute eher im Techno-Beat tanzen – beim Anblick dieser Herztorte schlagen sie nicht nur hoch, sondern im Einklang.

Manch eine Braut schaut mit leiser Wehmut auf ihre schöne Torte, die sich nach dem Anschneiden so schnell in Stückwerk auflösen wird. Doch gemeinsamer Genuss ist mehr als nur das Verteilen von Nahrung. Er baut schöne Erinnerungen auf, vertieft vorhandene Freundschaften und stimmt selbst jene spontan friedlich, die dem Leben eher skeptisch gegenüber stehen.

Wahrscheinlich wurden die Hochzeitstorten mit ihren vielen Stockwerken erfunden, weil ein Brautvater mit ihrem Riesenformat seinen Reichtum, vielleicht auch seine Großzügigkeit zeigen wollte. Jeden Gast mit einem üppig bemessenen Stück zu beeindrucken versuchte. Alle Überbringer solcher Torten-Kunstwerke erreichen viel mehr:

Die gemeinsam befriedigte Lust auf Süßes regt die Ausschüttung von Glückshormonen im Gehirn stärker an als Sologenuss oder salzig-scharfe Sattmacher. Sie muntert die Kreativität der vom Pikantem müde gewordenen Esser auf und konzentriert die Aufmerksamkeit wieder auf den Anlass des Festes.

Beim Anschnitt der Herztorte stehen Braut und Bräutigam erneut im Mittelpunkt. Und wenn trockener Champagner oder Sekt zur Torte gereicht werden – sie harmonieren perfekt mit der zarten Tortensüße – klingen alle „Auf-euer-Wohl"-Wünsche noch fröhlicher. Und sie klingen in den Erinnerungen nach bis zu Goldenen Hochzeit.

SHORTBREAD

BILD 1

Für den Mürbeteig:

1,2 kg	Weizenmehl
200 g	Zucker
200 g	gesiebter Puderzucker
4 Pck.	Dr. Oetker Bourbon-Vanille-Zucker
1 gestr. TL	Salz
800 g	Butter

Zum Bestreichen:

225 g	Himbeergelee

1. Backofen auf 180 °C Ober-/Unterhitze vorheizen. Eine eckige Alu-Tortenplatte bereitstellen. **2.** Die Zutaten halbieren. Mehl in eine große Rührschüssel geben. Zucker, Puderzucker, Vanille-Zucker, Salz und Butter hinzufügen. Die Zutaten in einer Küchenmaschine mit Knethaken zunächst gut durcharbeiten. **3.** Anschließend auf einer bemehlten Arbeitsfläche zu einem glatten Teig verkneten. **4.** Den Teig auf einem Bogen Backpapier zu einer runden Platte (Ø 32 cm) ausrollen. **5.** Einen flexiblen Tortenring in Größe der Platte ausziehen und um den Teig legen. **6.** Die Teigplatte mit dem Backpapier auf die Alu-Tortenplatte ziehen. Teigboden mehrmals mit einer Gabel einstechen und auf dem Rost für etwa 30 Minuten in den vorgeheizten Backofen schieben. **7.** Einen zweiten Gebäckboden aus den restlichen Zutaten wie oben beschrieben backen. **8.** Die Böden sofort vom Backpapier lösen und einzeln auf Kuchenrosten erkalten lassen.
9. Gelee glattrühren. Einen Gebäckboden mit der Hälfte des Gelees bestreichen. Den zweiten Boden darauflegen und mit dem restlichen Gelee bestreichen. Den Boden bis zum Garnieren beiseitestellen.

SCHOKOLADEN-MINZ-KUCHEN

BILD 2

Für den Rührteig:

1 kg	weiche Butter
800 g	Zucker
1	Prise Salz
24	Eier (Größe L)
200 g	Kakaopulver
1 kg	Weizenmehl
2 Pck.	Dr. Oetker Backin
200 g	Kokosraspel
400 g	Zartbitter-Raspelschokolade

Für die Minzcreme:

2 kg	Mascarpone
200 g	gesiebter Puderzucker
450 ml	grüner Pfefferminzlikör

1. Ein Backblech mit Backpapier auslegen. Einen flexiblen Tortenring (Höhe 10 cm) daraufstellen und ausziehen (Ø 30 cm). Die Backpapierecken am Ring hochziehen und mit Küchenband umlegen. Das Band festknoten. Den Backofen auf 180 °C Ober-/Unterhitze vorheizen. Eine Alu-Tortenscheibe mit Backpapier belegen. Einen flexiblen Tortenring auf eine Größe von (Ø 30 cm) ausziehen und daraufstellen. Das Backpapier am Rand hochschlagen und mit Küchenband festbinden. **2.** Die Zutaten halbieren und daraus zwei Teige zubereiten. **3.** Butter in einer großen Rührschüssel in einer Küchenmaschine mit Rührbesen schaumig rühren. Nach und nach Zucker und Salz unterrühren. Eier nach und nach unterrühren. **4.** Kakao, Mehl und Backpulver mischen, in 2–3 Portionen auf mittlerer Stufe unterrühren. Kokosraspel und Raspelschokolade unterrühren. Den Teig in den vorbereiteten Tortenring geben und für etwa 90 Minuten in den vorgeheizten Backofen schieben. **5.** Den Kuchen nach etwa 30 Minuten mit Backpapier belegen. **6.** Den Kuchen im Tortenring erkalten lassen. Tortenring lösen, reinigen und den zweiten Kuchen auf die gleiche Weise zubereiten.
7. Für die Creme Mascarpone und Puderzucker mit Handrührgerät mit Rührbesen geschmeidig rühren. 150 ml Pfefferminzlikör unterrühren. 500 g der Creme zum Einstreichen des Kuchens abnehmen und beiseitstellen. **8.** Die gewölbten Oberflächen der Schokoladenkuchen gerade schneiden. Die abgeschnittenen Kuchenstücke zerbröseln und in eine Rührschüssel geben. Restlichen Pfefferminzlikör untermischen. **9.** Die Schokoladenkuchen jeweils 2-mal waagerecht durchschneiden. Einen der unteren Böden auf eine Alu-Tortenscheibe legen und mit etwa 8 Esslöffeln der Minzecreme bestreichen und mit den Kuchenbröseln bestreuen. Die restlichen Böden jeweils mit etwa 8 Esslöffeln der Minzcreme bestreichen. Alle Böden zu einem Kuchen zusammensetzen. **10.** Den Kuchen mit der beiseitegestellten Minzcreme bestreichen und kalt stellen.

ERDBEERTORTE

BILD 3

Für den Biskuitteig:

8	Eier (Größe L)
170 g	Zucker
1 Prise	Salz
180 g	Weizenmehl
30 g	Kakaopulver

Für die Füllung:

1,2 kg	frische Erdbeeren

Für die Mousse:

600 g	weiße Kuvertüre
1 kg	Schlagsahne (32% Fett)
2 Pck.	Dr. Oetker Bourbon-Vanille-Zucker
7 Blatt	weiße Gelatine
4 EL	Himbeergelee

1. Zwei flexible Tortenringe (jeweils 10 cm Höhe) bereithalten. Ein Backblech mit Backpapier auslegen. Einen flexiblen Tortenring daraufstellen und ausziehen (Ø 28 cm). Die Backpapierecken am Ring hochziehen und mit Küchenband umlegen. Das Band festknoten. Den Backofen auf 180 °C Ober-/Unterhitze vorheizen. **2.** Für den Teig Eier in einer Küchenmaschine mit Schlagbesen etwa 4 Minuten schaumig schlagen. Zucker und Salz einstreuen und mindestens 3 Minuten weiterschlagen. **3.** Mehl mit Kakao mischen und in mehreren Portionen kurz unterheben. Den Teig in den Tortenring füllen. Das Backblech für etwa 45 Minuten in den vorgeheizten Backofen schieben. **4.** Den Kuchen auf einen Kuchenrost stellen und erkalten lassen. Tortenring lösen und reinigen. **5.** Das Backpapier abziehen. Den Biskuitboden 2-mal waagerecht durchschneiden. Den unteren Biskuitboden auf eine Alu-Tortenplatte legen, einen Tortenring darumstellen. **6.** Erdbeeren abspülen, trockentupfen und entstielen. Die Hälfte der Erdbeeren auf den unteren Biskuitboden legen. **7.** Für die Mousse Kuvertüre grob hacken, mit 150 g der Sahne und Vanille-Zucker in einem Topf bei mittlerer Hitze unter Rühren schmelzen lassen. **8.** Gelatine nach Packungsanleitung einweichen, ausdrücken und in der heißen Schokoladensahne unter Rühren vollständig auflösen. Schokoladensahne etwas abkühlen lassen. Restliche Sahne steifschlagen. **9.** Wenn die Schokoladesahne anfängt dicklich zu werden, Sahne portionsweise unterheben. **10.** Die Hälfte der Schokoladensahne-Creme auf den Erdbeeren verteilen. Den mittleren Biskuitboden darauflegen. Einen zweiten Tortenring auf den ersten Ring stellen und festziehen. Den mittleren Biskuitboden mit den restlichen Erdbeeren belegen. Restliche Schokoladensahne-Creme daraufstreichen. Mit dem letzten Biskuitboden belegen. Die Torte mindestens 8 Stunden kalt stellen. **11.** Die Tortenringe entfernen. Eine Tortenscheibe auf die Torte legen, Torte umdrehen. Himbeergelee glattrühren und die Torte damit bestreichen, kalt stellen.

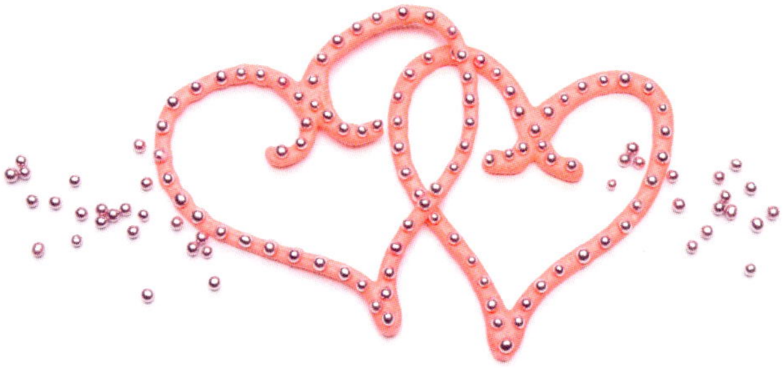

Liebesperlen Herzen Zuckerkleid

SCHMUCK

Für die Herzen:

- 500 g Icingpulver
- 40 ml Wasser
- rote Speisefarbe
- rosa Zuckerperlen

KLEID

Zum Einkleiden der Kuchen:

- 2,5 kg Rollfondant
- grüne und blaue Speisefarbe
- 6 EL Puderzucker zum Bestäuben
- 1 Eiweiß (Größe L)

WERKZEUGE

- Backpapier und 2 Spritztüten aus Backpapier (siehe Seite 108, Punkt 11)
- 1 eckige Aluminiumplatte
- 2 Tortenscheiben
- Holzspieße
- 1 Pinzette
- 3 Alu-Tortenscheiben
- 1 Fondantmesser
- 1 Glättespachtel
- 1 Messer oder Palette

1. Für die Herzen Icingpulver und Wasser zu einem Spritzguss verrühren, mit roter Speisefarbe einfärben. Aus Backpapier eine Spritztüte formen. Den Spritzguss in die Papier-Spritztüte füllen. **2.** Herzen (10 cm Höhe) auf Pergamentpapier zeichnen. Einen Bogen Backpapier darauflegen. **3.** 17 Herzen aus zwei nebeneinander gespritzten Glasurlinien auf das Backpapier spritzen. Zuckerperlen in den weichen Spritzguss drücken. **4.** Zwei ineinander geschlungene große Herzen (Größe 20 cm) auf Pergamentpapier zeichnen. Backpapier darauflegen und mit dreifacher, dicker Linie die Herzen aufspritzen. Holzstäbchen einlegen und mit einer weiteren Linie die Glasur schließen. Perlen in den feuchten Guss legen. **5.** Zum Einkleiden der Torten den Rollfondant auf Zimmertemperatur erwärmen und geschmeidig kneten. Mit grüner und blauer Speisefarbe verkneten und türkis einfärben. **6.** 500 g des Rollfondants mit Puderzucker bestäuben und zu einer runden Platte (Ø etwa 54 cm) ausrollen. Auf einen Rollstab oder eine Silikonrolle wickeln und auf dem Kuchen abrollen. Von oben nach unten festdrücken, dabei die Falten ausgleichen und den Rand mit einem Fondantschneider glattschneiden.1 kg Rollfondant ausrollen und den zweiten Kuchen damit einkleiden. Fondantabschnitte mit 500 g Rollfondant verkneten und zu einer runden Platte (Ø 36 cm) ausrollen. **7.** Die obere Torte damit einkleiden. Beide Torten mit einem Glättespachtel glattstreichen. **8.** Die untere Torte auf eine Tortenplatte setzen. Die weiteren Torten daraufsetzen. **9.** Restliche Fondantmasse zu 3 Rollen (70, 94 und 98 cm Länge) formen und mit einer Teigrolle flachdrücken. Die unteren Tortenränder mit etwas Wasser bestreichen. Die Bänder darauflegen. **10.** Liebesperlen mit einer Pinzette in angerührtes Icingpulver tauchen und an die Ränder kleben. **11.** Die kleinen Herzen vorsichtig vom Backpapier lösen. 2 Esslöffel Puderzucker mit etwas Wasser verrühren. Den Zuckerguss in eine Spritztüte füllen. **12.** Die kleinen Herzen mit dem Guss an die Torte kleben. Die großen Herzen kurz vor dem Servieren auf die Torte stecken.

Wichtig: Sie brauchen insgesamt 17 Herzen, sie sind jedoch sehr zerbrechlich. Zur Vorsicht ist es besser, einige Herzen mehr zuzubereiten.

Tortentrio

Margeriten, Libellen und Turteltauben:
So dezent gestalteter Schmuck macht buntes Chichi überflüssig.
Weil Weiß die richtige Hochzeitsfarbe ist und bleibt.

Zeitrahmen:

3–4 Tage vorher:
Tauben, Blüten, Libellen und Gräser zubereiten.

2 Tage vorher:
Alle Teige zubereiten, backen, Taubentorte zusammensetzen.

1 Tag vorher:
Margeriten-Torte und Libellen-Torte füllen und zusammensetzen. Torten mit Fondant einkleiden.

½ Tag vorher:
Blüten an die Torten kleben.

Das ewig neue, uralte Spiel ist Blütenblatt für Blütenblatt die Frage: Er liebt mich? Er liebt mich nicht? Libellen verkörpern die Leichtigkeit des Seins im Sommer, und so zärtlich wie Taubengurren klingt keine andere Vogelstimme. Drei passende Symbole für das Trio aus Mignontorte, weißem Schokokuchen und Erdbeer-Vanille-Buttercremetorte. Aber weil Libellen, Tauben und Margeriten in der Natur selten gemeinsam auftreten, bekam jedes hier sein eigenes „Biotop". In strahlendem Hochzeitsweiß.

Doch Weiß symbolisiert nicht mehr jungfräuliche Unschuld, sondern Optimismus. Wie weiße Segelyachten, die zum Horizont starten, wie weiße Sommerwolken, die gutes Wetter für die Hochzeit im Freien versprechen, wie weiße Mode, die Selbstvertrauen signalisiert.

Deshalb ist Weiß im Zweifelsfall immer die richtige Wahl für eine Hochzeitstorte. Sie „beißt" sich nicht mit ausgefallenen Kleiderfarben der weiblichen Gäste, farbigem Geschirr, Tafeldekor oder dem bunten Strauß der Braut. Noch wichtiger: Die dezente Torte in Weiß bannt niemals die Blicke stärker als das Brautpaar selbst.

Weiß als Farbe der Bescheidenheit? Nicht wenn die Torten so üppig verziert sind wie bei diesem Trio. Dann wird „ganz in Weiß" zum Statement. Für den Stolz der BäckerInnen auf das gelungene Werk und für die Zuversicht des Brautpaares, das hoffnungsvoll auf die Zukunft setzt.

TAUBEN-TORTE

BILD 1

Für den Mürbeteig:

350 g	Butter
650 g	Weizenmehl
400 g	Zucker, 1 Prise Salz
3	Eigelb (Größe L)
1	Ei (Größe L)

Für die Zitronencreme:

3 Pck.	Dr. Oetker Pudding-Pulver Vanille-Geschmack
250 g	Zucker
600 ml	Zitronensaft (von etwa 14 Zitronen)
400 ml	Wasser
300 g	weiche Butter

1. Zwei flexible Tortenringe (Höhe 10 cm) bereithalten. Butter in Würfel schneiden. Mit Mehl, Zucker und Salz in die Rührschüssel der Küchenmaschine geben. Eigelb und Ei dazugeben. Zutaten mit dem Knethaken zu einem glatten Teig verarbeiten. **2.** Den Teig in Frischhaltefolie wickeln und für mindestens 8 Stunden in den Kühlschrank legen. **3.** Aus Backpapier 15 Quadrate (etwa 24 x 24 cm) zuschneiden. Den Backofen auf 180 °C Umluft vorheizen. **4.** Teig geschmeidig kneten, zu einer Rolle formen und in 14 Scheiben schneiden. **5.** Jede Teigscheibe mit Mehl bestäuben und auf einer mit Mehl bestäubten Arbeitsfläche zu einer runden Platte (Ø etwa 20 cm) ausrollen und auf ein Papierquadrat legen. Einen flexiblen Tortenring ausziehen (Ø 20 cm), die Teigplatten damit ausstechen. Teigreste zusammenkneten und nochmals einen Kreis ausrollen und ausstechen. **6.** Die Teigplatten mit dem Papier auf Bleche ziehen. Jeweils mehrere Backbleche für etwa 10 Minuten in den vorgeheizten Backofen schieben. Die Teigplatten auf Kuchenrosten erkalten lassen. **7.** Für die Zitronencreme Pudding-Pulver, Zucker, Zitronensaft und Wasser in einem Topf verrühren und unter Rühren zum Kochen bringen. Unter Rühren einmal kräftig aufkochen lassen. **8.** Den Pudding vom Herd nehmen. 200 g Butter unter Rühren im Pudding auflösen. 200 g Zitronenpudding in eine Schüssel füllen und bei Zimmertemperatur stehen lassen. **9.** Die Mürbeteigplatten, bis auf eine zum Abdecken, mit jeweils 2–3 Esslöffel heißer Zitronencreme bestreichen. Die Platten stapeln. Einen flexiblen Tortenring um den Kuchenstapel stellen und festziehen. Nach der Hälfte der Böden einen zweiten Tortenring auf den ersten stellen und festziehen. Die Torte etwa 12 Stunden kalt stellen. **10.** Restliche Butter mit Handrührgerät mit Rührbesen etwa 5 Minuten schaumig schlagen. Die übrige Zitronencreme mit einem Schneebesen glattrühren und nach und nach unter die Butter rühren. Die Torte aus den Tortenringen lösen. Die Torte an der Seite mit der Zitronenbuttercreme bestreichen. Kühl stellen.

MARGERITEN-TORTE

BILD 2

Für den Biskuitteig:

10	Eier (Größe L)
200 g	Zucker, 1 Prise Salz
1 Pck.	Dr. Oetker Bourbon-Vanille-Zucker
250 g	Weizenmehl

Für den Sirup:

1	Vanilleschote
150 g	Zucker
300 ml	Wasser

Für die Buttercreme:

1 Pck.	Dr. Oetker Pudding-Pulver Vanille-Geschmack
50 g	Zucker
500 ml	Milch
200 g	weiche Butter
80 g	gesiebter Puderzucker
500 g	Erdbeeren

1. Ein Backblech mit Backpapier auslegen. Einen flexiblen Tortenring (Höhe 10 cm) daraufstellen und ausziehen (Ø 20 cm). Einen etwa 65 cm langen Streifen Backpapier abreißen und der Länge nach doppelt falten. Den Streifen in den Tortenring stellen, so dass sich der Ring um 10 cm erhöht. Die Backpapierecken am Ring hochziehen und mit Küchenband umlegen. Das Band festknoten. Den Backofen auf 180 °C Ober-/Unterhitze vorheizen. **2.** Die Eier in einer Küchenmaschine mit Schlagbesen etwa 3 Minuten schaumig schlagen. Zucker, Salz und Vanille-Zucker dazugeben und weitere 3 Minuten schlagen. **3.** Mehl in mehreren Portionen unterheben. Den Teig in den Tortenring füllen. Das Backblech für etwa 65 Minuten in den vorgeheizten Backofen schieben. **4.** Den Biskuit auf einem Kuchenrost abkühlen lassen. Tortenring und Backpapier entfernen. **5.** Für den Sirup die Vanilleschote längs aufschneiden, das Mark herauskratzen und für die Buttercreme beiseitelegen. Vanilleschote mit Zucker und Wasser in einen Topf geben, aufkochen und etwa 30 Minuten bei schwacher Hitze ziehen lassen. Abkühlen lassen. **6.** Puddingpulver, Zucker, Vanillemark und Milch in einem Topf verrühren, unter Rühren zum Kochen bringen und kräftig aufkochen lassen. Den Pudding in eine große Schüssel geben. Direkt auf den Pudding Frischhaltefolie legen. Den Pudding auf Zimmertemperatur abkühlen lassen. **7.** Die Butter mit Puderzucker in

einer Küchenmaschine mit Schlagbesen etwa 10 Minuten weiß-schaumig schlagen. Den abgekühlten Pudding mit einen großen Schneebesen glattrühren. Die schaumige Butter auf den Pudding geben und mit dem Schneebesen mit kurzen Schwüngen unterrühren. **8.** Die Biskuitoberfläche evtl. gerade schneiden. Den Kuchen zweimal waagerecht durchschneiden. Die Biskuitböden auf Tortenscheiben legen. Die Schote aus dem Sirup nehmen. Die Biskuitböden mit dem Vanillesirup beträufeln. **9.** Erdbeeren abspülen, abtropfen lassen, putzen, halbieren und auf die beiden unteren Biskuitböden verteilen. 4 Esslöffel Buttercreme zum Einstreichen beiseitestellen. Restliche Creme esslöffelweise auf die Erdbeeren verteilen, glattstreichen. Die Torte wieder zusammensetzen und rundherum mit restlicher Buttercreme einstreichen. Die Torte mindestens 3 Stunden kalt stellen.

LIBELLEN-TORTE

BILD 3

Für den Rührteig:

300 g	weiche Butter
300 g	Zucker, 1 Prise Salz
10 Tropfen	Bittermandelöl
1 TL	gem. Zimt
9	Eier (Größe L)
200 g	weiße Schokolade
200 g	geschälte gemahlene Mandeln
500 g	Weizenmehl
1 Pck.	Dr. Oetker Backin

Für die Füllung:

500 g	Himbeeren
200 g	gesiebter Puderzucker

Zum Bestreichen:

100 g	Himbeergelee
1 EL	Zucker

1. Ein Backblech mit Backpapier auslegen. Einen flexiblen Tortenring (Höhe 10 cm) daraufstellen und ausziehen (Ø 20 cm). Einen etwa 65 cm langen Streifen Backpapier abreißen und der Länge nach doppelt falten. Den Streifen in den Tortenring stellen, so dass sich der Ring um 10 cm erhöht. Die Backpapierecken am Ring hochziehen und mit Küchenband umlegen. Das Band festknoten. Den Backofen auf 180 °C Ober-/Unterhitze vorheizen. **2.** Butter in einer Küchenmaschine mit Rührbesen etwa 3 Minuten schaumig schlagen. Zucker unterrühren. Bittermandelöl und Zimt dazugeben. Die Eier nach und nach unter die Buttermasse rühren. Die Schokolade fein hacken. **3.** Mandeln, Mehl und Backpulver in einer Schüssel mischen und in mehreren Portionen unterrühren. Gehackte Schokolade unterheben. **4.** Den Teig in den Tortenring geben und glattstreichen. Das Backblech für etwa 100 Minuten in den vorgeheizten Backofen schieben. Den Kuchen nach 30 Minuten Backzeit mit Backpapier abdecken. **5.** Den Kuchen auf einem Kuchengitter abkühlen lassen. Gefrorene Himbeeren für das Püree auftauen lassen, frische Himbeeren verlesen. **6.** Tortenring und Backpapier entfernen. Den Kuchen fünfmal waagerecht durchschneiden. **7.** Die Himbeeren pürieren. Das Püree durch ein Sieb streichen, mit Puderzucker verrühren und auf 5 Kuchenscheiben verteilen und glattstreichen. Die bestrichenen Kuchenscheiben stapeln und mit der letzten Kuchenscheibe bedecken. Einen flexiblen Tortering (10 cm Höhe) darumstellen und festziehen. Mindestens 2 Stunden kalt stellen. **8.** Himbeergelee und Zucker in einen Topf geben und aufkochen lassen. Den Kuchen damit rundherum bestreichen.

SCHMUCK

Taubentorte:

800 g Icingpulver
etwa 70 ml Wasser
goldfarbene Zuckerperlen

Margeritentorte:

600 g Rollfondant
Puderzucker zum Bestäuben
200 g Icingpulver
etwa 1 EL Wasser

Libellentorte:

600 g Icingpulver
etwa 50 ml Wasser

KLEID

Für alle 3 Torten:
1,8 kg Rollfondant
Puderzucker zum Bestäuben

WERKZEUGE

Einwegspritzbeutel
Backpapier
Etwas Pappe
Lochtülle Nr.3
Blatttülle Nr. 104
Blütennagel
je 1 kleiner, mittlerer und großer Margeritenblüten-Ausstecher
Frischhaltefolie
Metall-Lineal

1. Taubentorte: Tauben durchpausen. Aus Backpapier 3 entsprechend große Rechtecke zuschneiden. 3 Esslöffel Icingpulver mit 1–2 Teelöffel Wasser zu einem leicht fließendem Spritzguss verrühren. In einen Einwegspritzbeutel mit Lochtülle Nr. 3 füllen. Für jede Taube 1 Stück Backpapier auf die Pause legen. Die Konturen auf das Backpapier spritzen und ausfüllen. (Es werden 2 Tauben benötigt.) **2.** Den übrigen Spritzguss in eine Schüssel geben und mit restlichem Icingpulver und restlichem Wasser zu einem festen Spritzguss verrühren. Zwei Drittel davon zartgelb einfärben. Den gelben Spritzguss in einen Einwegspritzbeutel mit einer Blatttülle Nr. 104, weiße Masse in Einwegspritzbeutel mit Lochtülle Nr. 3 füllen. Aus Backpapier 20 Quadrate (je 4 x 4 cm) schneiden. Auf einen Blütennagel einen Tupfen weißen Spritzguss geben und ein Quadrat aufkleben. Zweimal zwei übereinanderliegende gelbe Blütenblätter auf eine Quadrathälfte spritzen. **3.** Auf die andere Hälfte drei nebeneinanderliegende gelbe Blätter spritzen. Weißen Spritzguss im Kühlschrank aufbewahren, Tülle in ein feuchtes Tuch legen. Zwei Zuckerperlen in die feuchte Blüte drücken. Übrige Blüten ebenso herstellen. 2 Tage trocknen lassen. **4.** Libellentorte: Libellen durchpausen. 8 entsprechend große Stücke Backpapier zuschneiden. Icingpulver mit Wasser zu einem weichen Spritzguss verrühren, evtl. restlichen Spritzguss der Taubentorte unterrühren. In einen Einwegspritzbeutel mit Lochtülle Nr. 3 füllen. Die Konturen der Flügel nachspritzen und ausfüllen. 2 Tage trocknen lassen. **5.** Gräser und Blätter nach eigener Vorlage auf Backpapier spritzen und 2 Tage trocknen lassen. **6.** Pappe knicken. Die Backpapiere mit den getrockneten Libellen-Flügeln so darauf legen, dass die Flügel rechts und links hochstehen. Mit Spritzguss Libellenkörper zwischen die Flügel in den Knick spritzen. 2 Tage auf der Pappe trocknen lassen. Übrigen Spritzguss im Kühlschrank aufbewahren. Tülle mit einem feuchten Tuch abdecken. **7.** Für die Margeritenblüten den Rollfondant geschmeidig kneten und auf einer mit Puderzucker bestäubten Arbeitsfläche etwa 0,4 cm dick ausrollen. Margeritenblüten-Ausstecher mit Puderzucker bestäuben und 1 große, 8 mittelgroße und 20 kleine Blüten ausstechen. **8.** Tassen oder Gläser mit Frischhaltefolie auslegen. Die ausgestochenen mittelgroßen und die große Blüte hineinlegen. Icingpulver mit Wasser anrühren, in einen Spritzbeutel mit Lochtülle Nr. 3 füllen. Tupfen als Blütenpollen in die Blüten spritzen. Etwa 3 Tage trocknen lassen. **9.** Zum Einkleiden der Torten für jede Torte 600 g Rollfondant geschmeidig kneten und etwa 0,5 cm dick ausrollen. Jeweils 1 runde Platte (Ø 18 cm) ausschneiden und auf die Tortenoberfläche legen. Übrigen Rollfondant zu einer Rolle formen und zu einem Streifen (etwa 13 x 56 cm) ausrollen. Ein Lineal anlegen, die Kanten gerade schneiden. Streifen mit Puderzucker bestäuben, aufrollen, am Tortenrand abrollen und überstehenden Fondant abschneiden. Den Fondant glätten. **10.** Oberen Rand jeder Torte mit Icingmasse verzieren. **11.** Libellen mit Icingmasse ankleben. **12.** Margeritenblüten mit Icingmasse ankleben.

Hochzeitspyramide

Ein Hauch von Orient – mit Pistazien, Rosenwasser, Kokos und Guave. Je ein spezieller Leckerbissen für jeden Gast macht diese Hochzeitstorte zum Überraschungsdessert.

Grün wie die Hoffnung: So unerwartet wie die Farbe dieser außergewöhnlichen Hochzeitstorte ist auch ihr Geschmack. Türkische, indische und kalifornische Nachtisch-Traditionen verbinden sich hier zum kulinarischen Gesamtkunstwerk, das auf jeder Pyramidenetage neue Aromen bietet.

Die erste Überraschung: Die Würfelchen auf der Hochzeitspyramide bieten statt magenfüllender Cremes die Frische des Sommers.

Die zweite: Heimische Äpfel und Sauerkirschen vertragen sich bestens mit Einwanderern wie Guave, Limette, Kokos und Pistazie.

Die dritte: Türkischer Revani (Grießkuchen), Glasnudeln mit Rosenwasser, Kokospudding mit Guavensaft und amerikanische Schoko-Kirsch-Brownies passen auch hierzulande bestens zu einem Hochzeitsbankett. Auch wenn das Menü davor eher klassisch war.

Vorteil Nummer eins: Die aus festem Holz selbst gebastelte Pyramide können erfahrene BäckerInnen natürlich mit den Lieblingskuchen der Gäste bestücken. Allerdings sollten auch dann alle einheitlich eingekleidet werden, wie die hier vorgestellten Leckerbissen in gemahlenen Pistazien.

Vorteil Nummer zwei: Wer sich auf die Überraschungen des orientalischen Geschmacks einlässt, braucht sich keine Sorge um die Überfüllung der Gästemägen zu machen. Alle Tortenzutaten sind so lecker wie leicht.

Zeitrahmen:

3 Tage vorher:
Kirsch-Brownies und Apfelkuchen zubereiten.

2 Tage vorher:
Kokos-Guaven-Schnitten, Limetten-Revani, Möhren-Halva und Rosenwürfel backen.

1 Tag vorher:
Die Kuchen schneiden, glasieren, überziehen und mit Pistazien bestreuen.

Kurz vorher:
Kuchen auf die Etagere stellen. Vor Ort aufeinander stellen. Orchideen in einen Blumen-Steckschwamm stecken, mit dem Schwamm auf die Pyramide setzen.

Die Maße für die Holzpyramide sind folgende:

Grundplatte:	55 cm x 55 cm x 1,8 cm
nächste Etagenplatte:	49 cm x 49 cm x 1,8 cm
nächste Etagenplatte:	43 cm x 43 cm x 1,8 cm
nächste Etagenplatte:	37 cm x 37 cm x 1,8 cm
nächste Etagenplatte:	31 cm x 31 cm x 1,8 cm
nächste Etagenplatte:	25 cm x 25 cm x 1,8 cm
nächste Etagenplatte:	19 cm x 19 cm x 1,8 cm
Klötzchen:	5,7 cm x 5,7 cm x 8,5 cm.

Bei der Pyramide (7 Etagen) ergibt sich eine Gesamthöhe von 63,6 cm.

TÜRKISCHER LIMETTEN-REVANI

BILD 1

Für 48 Stück

Für den Joghurt-Grieß-Teig:

6	Bio-Limetten (unbehandelt, ungewachst)
900 g	Weichweizengrieß
600 g	Weizenmehl
2 Pck.	Dr. Oetker Backin
750 g	weiche Butter
450 g	Zucker, 1 Prise Salz
12	Eier (Größe L)
1,5 kg	Vollmilchjoghurt (3,5 % Fett)
3 Pck.	Dr. Oetker Vanillin-Zucker

Für den Limettensirup:

400 ml	Wassser
300 g	Zucker
175 ml	Limettensaft (von etwa 4 Limetten)

1. Ein Backblech mit Backpapier auslegen. Einen flexiblen Backrahmen daraufstellen und ausziehen (30 x 40 cm). Den Backofen auf 180 °C Ober-/Unterhitze vorheizen. **2.** Limetten heiß abspülen, trocken tupfen, die Schale dünn abreiben. Limetten für den Sirup beiseitelegen. **3.** Grieß, Mehl und Backpulver in einer großen Schüssel mischen. Butter, Zucker und Salz in der Küchenmaschine mit Rührbesen etwa 2 Minuten schaumig schlagen. Eier, Joghurt und Limettenschale unterrühren. Die Butter-Joghurt-Mischung zum Grieß-Mehl-Gemisch geben und unterrühren. **4.** Den Teig in den Backrahmen geben und glattstreichen. Das Backblech für etwa 70 Minuten in den vorgeheizten Backofen schieben. **5.** Den Kuchen etwas abkühlen lassen. **6.** Für den Sirup Wasser und Zucker in einen Topf geben und köcheln lassen, bis der Zucker gelöst ist. Abkühlen lassen. Limettensaft in den Zuckersirup rühren. **7.** Den Kuchen mit einem Holzstäbchen mehrfach einstechen. Den Sirup esslöffelweise auf den Kuchen geben und einziehen lassen. Backrahmen und Backpapier entfernen.

KOKOS-GUAVEN-SCHNITTEN

BILD 2

Für 48 Stück

Für den Knetteig:

150 g	Kokosraspel
500 g	Weizenmehl
400 g	Butter
200 g	Zucker, 1 Prise Salz
1	Ei (Größe L)

Für die Creme:

5 Dosen	Mandarin-Orangen (je 175 g Abtropfgewicht)
4 Dosen	Kokosmilch (je 400 ml)
1 l	Guavennektar (ersatzweise Maracujanektar)
500 g	Zucker
7 Pck.	Gala Pudding Pulver Sahne-Geschmack
300 ml	Wasser

1. Kokosraspel in einer Pfanne ohne Fett goldbraun rösten. Abkühlen lassen. **2.** Zwei rechteckige Aluplatten (etwa 32 x 43 cm) und 2 genauso große Stücke Backpapier bereit halten. Mehl, Butter, Zucker, Salz, Ei und geröstete Kokosraspel in der Küchenmaschine mit Knethaken zu einem glatten Teig verarbeiten. Den Teig in Frischhaltefolie wickeln und mindestens 1 Stunde kalt stellen. **3.** Den Backofen auf 180 °C Ober-/Unterhitze vorheizen. Den Teig halbieren. Einen Bogen Backpapier auf die Arbeitsfläche legen. Den Teig mit Mehl bestreuen und auf dem Backpapier zu einer Platte (etwa 30 x 40 cm) ausrollen. Einen Backrahmen ausziehen (30 x 40 cm), ausgerollten Teig damit ausstechen, mit dem Papier auf eine Aluplatte ziehen. Die Platte für etwa 15 Minuten in den vorgeheizten Backofen schieben. Zweite Teighälfte auf die gleiche Weise ausrollen und backen. Teigplatten auskühlen lassen. **4.** Den Backrahmen um eine der Mürbeteigplatten stellen. Küchenband um den Rahmen legen und festknoten. **5.** Mandarinen abtropfen lassen. Kokosmilch, Guavennektar und 250 g Zucker in einem Topf zum Kochen bringen. Puddingpulver und restlichen Zucker in eine Schüssel geben, mit Wasser verrühren. Unter Rühren in das kochende Kokosmilch-Nektar-Gemisch gießen. Unter Rühren aufkochen lassen. **6.** Die Hälfte des heißen Puddings auf die Mürbeteigplatte in den Backrahmen geben und glattstreichen. Mandarinen darauf verteilen. Den übrigen Pudding daraufgeben und glattstreichen. Die zweite Mürbeteigplatte darauflegen. Etwa 12 Stunden kalt stellen.

APFELKUCHEN

BILD 3

Für 48 Stück

Für den Belag:

2 kg	säuerliche Äpfel
Saft von 1	Zitrone
120 g	Rosinen
100 g	Zucker
1 TL	gemahlener Zimt

Für den Rührteig:
400 g weiche Butter
375 g Zucker
1 Prise Salz
3 Pck. Dr. Oetker Bourbon-Vanille-Zucker
10 Eier (Größe L)
600 g Weizenmehl
1 Pck. Dr. Oetker Backin

Zum Bestreichen:
450 g Aprikosenkonfitüre

1. Ein Backblech (30 x 40 cm) mit Backpapier auslegen. Einen Backrahmen daraufstellen und zu gleicher Größe ausziehen. Den Backofen auf 180 °C Ober-/Unterhitze vorheizen. **2.** Äpfel schälen und vierteln. Die Kerngehäuse herausschneiden. Die Viertel in Würfel schneiden und mit Zitronensaft mischen. **3.** Butter in der Küchenmaschine mit Rührbesen etwa 3 Minuten schaumig schlagen. Nach und nach Zucker, Salz und Vanille-Zucker unterrühren. Eier nach und nach unterrühren. Mehl und Backpulver mischen und in mehreren Portionen unterrühren. **4.** Den Teig in den Backrahmen geben und glattstreichen. Die Rosinen gleichmäßig daraufstreuen. Die Apfelwürfel darauf verteilen und leicht eindrücken. Zucker und Zimt mischen und auf die Apfelwürfel streuen. Das Backblech für etwa 60 Minuten in vorgeheizten Backofen geben. **5.** Die Aprikosenkonfitüre in einen Topf glattrühren, aufkochen und auf den heißen Kuchen streichen. Kuchen auf einem Kuchenrost abkühlen lassen. Backrahmen und Backpapier entfernen.

KIRSCH-BROWNIES

BILD 4

Für 48 Stück

Für den Teig:
225 g Butter
200 g Zartbitter-Kuvertüre
6 Eier (Größe L)
300 g Zucker
1 Prise Salz
1 Pck. Dr. Oetker Vanillin-Zucker
375 g Weizenmehl
3 gestr. TL Dr. Oetker Backin

Für den Belag:
1 Glas Sauerkirschen (Abtropfgewicht 350 g)
50 g Raspelschokolade

1. Ein Backblech (30 x 40 cm) mit Backpapier belegen. Einen Backrahmen daraufstellen und zu gleicher Größe ausziehen. Den Backofen auf 180 °C Ober-/Unterhitze vorheizen. **2.** Für den Teig Butter in einem Topf zerlassen. Kuvertüre hacken. Topf vom Herd nehmen. Kuvertüre in die Butter geben, glattrühren, abkühlen lassen. Kirschen für den Belag abtropfen lassen. **3.** Eier, Zucker, Salz und Vanillin-Zucker in der Küchenmaschine mit Schlagbesen etwa 4 Minuten schaumig schlagen. Mehl mit Backpulver mischen, sieben, in mehreren Portionen unterrühren. Butter-Kuvertüre-Masse dazugeben und unterrühren. **4.** Teig in den Backrahmen geben und glattstreichen. Kirschen auf dem Teig verteilen, mit Raspelschokolade bestreuen. **5.** Das Backblech für etwa 60 Minuten in den vorgeheizten Backofen schieben. **6.** Das Gebäck erkalten lassen. Backrahmen und Backpapier entfernen.

MÖHREN-HALVA

BILD 5

Für 25 Stück:

Für den Teig:

3 kg	Möhren
1,5 l	Milch
400 g	Schlagsahne (32 % Fett)
300 g	geschälte gemahlene Mandeln
450 g	Zucker
1 TL	gemahlener Kardamom
3 EL	Butterschmalz

1. Ein Backblech mit Backpapier auslegen. Einen Backrahmen daraufstellen und ausziehen (25 x 25 cm). Backrahmen mit Küchenband umlegen. Das Band festknoten. **2.** Möhren schälen und fein raspeln. Möhren, Milch und Sahne in einen Topf geben und aufkochen. Die Masse bei schwacher Hitze etwa 30 Minuten unter ständigem Rühren leise kochen lassen, bis die Flüssigkeit auf die Hälfte reduziert ist. **3.** Mandeln in 2 Portionen in einer Pfanne ohne Fett unter Rühren goldbraun rösten. Aus der Pfanne nehmen und abkühlen lassen. **4.** Zucker und Kardamom zu den Möhren geben und unter ständigem Rühren erhitzen, bis der Zucker aufgelöst ist. **5.** Geröstete Mandeln und Butterschmalz unterrühren. Die Masse in den Backrahmen füllen und glattstreichen. Halva abkühlen lassen. Backrahmen und Backpapier entfernen.

ROSENWÜRFEL

BILD 6

Für 25 Stück

3 l	Milch
400 g	Glasnudeln
500 g	Zucker
600 g	geschälte gemahlene Mandeln
150 ml	Rosenwasser

1. Eine Aluplatte mit Backpapier auslegen. Einen Backrahmen daraufstellen und ausziehen (25 x 25 cm). Den Backrahmen mit Küchenband umlegen. Das Band festknoten. **2.** Die Milch in einem Topf zum Kochen bringen. Die Glasnudeln hineinlegen und etwa 10 Minuten unter Rühren kochen, bis die Nudeln weich sind und die Milch vollständig aufgesogen ist. **3.** Zucker und Mandeln dazugeben und weitere 3 Minuten unter Rühren kochen. Rosenwasser unterrühren. Masse in den Backrahmen geben und glattstreichen. Etwa 3 Stunden abkühlen lassen. Backrahmen und Backpapier entfernen.

Äpfel Rosenwasser Limetten

ZUTATEN

etwa 2 kg	geschälte Pistazien (portionsweise im Blitzhacker sehr fein gehackt)

1. Limetten-Revani in Würfel (5 x 5 cm) schneiden. Ein Backblech mit Pistazien bestreuen. 1 kg Aprikosenkonfitüre mit 50 ml Wasser und 150 g Zucker in einem Topf glattrühren. Bei mittlerer Hitze etwa 3 Minuten kochen. Kuchenstücke einzeln auf Holzspieße stecken, in der heißen Aprikosenglasur wenden und etwas abtropfen lassen. **2.** Die Kuchenwürfel in den Pistazien wenden. Evtl. große Pistazienstücke mit einem Pinsel entfernen. Kuchenwürfel auf Backpapier stellen. **3.** Apfelkuchen in Würfel (5 x 5 cm) schneiden. In Reihen auf ein großes Gitter mit Unterblech stellen. 750 g gesiebten Puderzucker mit 150 ml Zitronensaft in einer Schüssel glattrühren. Kuchenstücke einzeln auf einer Gabel, über der Schüssel mit Guss überziehen. Kuchenstücke auf dem Gitter abtropfen lassen. Abgetropften Guss zwischendurch mit einem Spachtel vom Blech lösen und wieder in die Schüssel geben. **4.** Pistazien in ein grobmaschiges Sieb geben und auf die Kuchenoberfläche streuen. Kuchenstücke auf eine Schnittfläche legen und mit Pistazien bestreuen. Kuchenstücke wenden, bis alle 4 Seiten mit Pistazien bestreut sind. Guss trocknen lassen. **5.** Brownies in Würfel (5 x 5 cm) schneiden. 1,2 kg weiße Kuvertüre in Stücke brechen, mit 50 ml Speiseöl im Wasserbad auflösen. Die Brownie-Würfel

WERKZEUGE

Kuchenrost
Backblech
Backpapier
Pinsel
Holzstäbchen
Spachtel
Metall-Lineal

mit einer Gabel in der Kuvertüre wenden. Auf ein Gitterrost mit Unterblech stellen und abtropfen lassen. Abgetropfte Kuvertüre zwischendurch mit einem Spachtel vom Blech lösen und kurz erwärmen. **6.** Die Pistazien in ein grobmaschiges Sieb geben. Die Kuchenwürfel einzeln auf Holzspieße stecken und über einem Blech mit Pistazien bestreuen. Dabei die Kuchenwürfel drehen. Aufgefangene Pistazien zwischendurch mit einem Spachtel vom Blech wieder in das Sieb geben. **7.** Für die Kokos-Guaven-Schnitten, Möhren-Halva und Rosenwürfel 225 g Aprikosenkonfitüre in einem Topf glattrühren und aufkochen lassen. Die Kuchenoberflächen damit dünn bestreichen. Die Kuchen in Würfel (5 x 5 cm) schneiden. Pistazien in ein grobmaschiges Sieb füllen und darüber streuen. **8.** Restliche Pistazien in eine Schüssel geben. Die 4 Seiten der Kuchenwürfel in Pistazien wenden.

Tipp: Die Kuchenstücke einzeln auf kleine Manschetten oder Pergamentpapierstücke stellen, dann in die Pyramide stellen.

Wiesenblumentorte

Klatschmohn, Löwenzahn und Maiglöckchen signalisieren hier eine junge Art von Romantik. Leicht, frisch und naturverbunden.

Zeitrahmen:

1 Woche vorher:
Zuckerblüten und Blätter aufspritzen.

3 Tage vorher:
Die getrockneten Blüten und Blätter bemalen.

2 Tage vorher:
Rührteig und Biskuitteige backen.

1 Tag vorher:
Torten füllen und kalt stellen.

½ Tag vorher:
Die Tortenränder einstreichen. Torten auf die Etagerenteller setzen und mit Zuckerblüten dekorieren. Die Etagere vor Ort zusammensetzen.

Zurück zur Natur ist auch für Hochzeitstorten eine gute Wahl. Es müssen ja nicht immer rote Rosen wie aus dem Gärtnereikatalog sein. Wiesenblumen wirken origineller, persönlicher und entsprechen dem Zeitgeist, besonders wenn draußen gefeiert wird. Weil diese Blüten ja von ganz alleine wachsen. Naturschön.

Der jugendliche Charme des Torten-Äußeren wird durch ihr fruchtig-frisches Innenleben verstärkt:

Frische Mandarinen mit Quark und Sahne, saftige Erdbeeren mit Mascarpone und die Aroma-Vermählung von sanft-süßen Himbeeren mit geschmackskräftiger Orange – alle Bestandteile des Wiesenblumen-Torten-Trios besitzen eine so soft-sensible Konsistenz, dass Stapeln ein Stilbruch wäre.

Sie brauchen eine Kuchen-Etagere, die ihnen eine feste Standfläche gibt.

Das weiße Butter-Icing, auf dem Schlüsselblumen, Klatschmohn, Löwenzahn und Maiglöckchen „blühen", gibt ihnen zusätzlichen Halt: Nach einer Stunde ist es wunderbar fest und schützt die Torten wie eine dicke Folie.

Wiesenblumen sprechen andere Menschen an als klassisch-edle Tortendekorationen. Sie begeistern junge Paare, die Rituale wieder trendy und Heiraten „an sich" schön finden, aber ihrer Individualität Ausdruck verleihen wollen. Sie verzichten gern auf hochstilisierte Eleganz und freuen sich, wenn sogar ihre Torte zeigt: Wir lieben die Natur. Wie unseren Partner und uns selbst.

1

2

HIMBEER-ORANGEN-TORTE

BILD 1

Für den Biskuitteig:

10	Eier (Größe L)
2	Bio-Orangen (unbehandelt, ungewachst)
200 g	feiner Zucker
1 Prise	Salz
260 g	Weizenmehl

Zum Beträufeln:

	Saft von
2	Orangen (etwa 125 ml)
4 EL	Orangenlikör, z. B. Cointreau

Für die Füllung:

9 Blatt	weiße Gelatine
1	Bio-Orange (unbehandelt, ungewachst)
200 ml	Milch
120 g	feiner Zucker
800 g	Schlagsahne (32 % Fett)
1 kg	TK-Himbeeren
3 Pck.	Dr. Oetker Tortenguss klar, ungesüßt
100 g	feiner Zucker
750 ml	schwarzer Johannisbeernektar

1. Ein Backblech mit Backpapier auslegen. Einen flexiblen Tortenring (Höhe 10 cm) daraufstellen und ausziehen (Ø 28 cm). Die Backpapierecken am Ring hochziehen und mit Küchenband umlegen. Das Band festknoten. Den Backofen auf 180 °C Ober-/Unterhitze vorheizen. Orangen heiß abspülen, die Schale abreiben. **2.** Die Eier in der Küchenmaschine mit dem Schlagbesen etwa 4 Minuten schaumig schlagen. Zucker und Salz einstreuen und mindestens 3 Minuten weiterschlagen. Mehl in mehreren Portionen unterheben. Den Teig in den Tortenring füllen. Das Backblech für etwa 45 Minuten in den vorgeheizten Backofen schieben. **3.** Den Biskuit auf einem Kuchenrost auskühlen lassen. **4.** Tortenring und Backpapier entfernen. Den Biskuit dreimal waagerecht durchschneiden. Den unteren Boden auf eine Tortenplatte legen und einen flexiblen Tortenring (Höhe 10 cm) darum stellen. Die Biskuitböden mit Orangensaft und Orangenlikör beträufeln. **5.** Für die Füllung die Gelatine in kaltem Wasser nach Packungsanleitung einweichen. Die Orange heiß abspülen und trockentupfen. Die Schale abreiben. Die Orange auspressen. Milch in einem Topf erhitzen. Die Gelatine ausdrücken und in der Milch auflösen, Orangenschale unterrühren. Die Masse in eine Schüssel geben. **6.** Zucker einrühren. Orangensaft zugießen. Die Schüssel in kaltes Wasser stellen, gelegentlich umrühren, bis die Orangen-Masse zu gelieren beginnt. **7.** Die Sahne steif schlagen. 4 Esslöffel Schlagsahne mit einem Schneebesen zügig unter die Orangenmasse schlagen. Die übrige Sahne unterheben. Die Creme beiseite stellen. **8.** Für den Guss Tortenguss und Zucker in einem Topf verrühren. Johannisbeernektar unter Rühren dazugießen und unter Rühren aufkochen lassen. Bis zum Gebrauch heiß stellen, gelegentlich umrühren. **9.** Die Hälfte der Creme auf den unteren Biskuitboden streichen. Den zweiten Biskuitboden auflegen. Nacheinander die Hälfte der Himbeeren und die Hälfte des Tortengusses darauf verteilen. **10.** Den dritten Biskuit auflegen und mit der restlichen Creme bestreichen. Den letzten Biskuit auflegen und andrücken. Die übrigen Himbeeren darauf verteilen und mit dem restlichen Tortenguss bedecken. Die Torte mindestens 6 Stunden kalt stellen. Den flexiblen Tortenrand entfernen.

ERDBEER-MASCARPONE-TORTE

BILD 2

Für den Biskuitteig:

8	Eier (Größe L)
170 g	feiner Zucker
1 Prise	Salz
200 g	Weizenmehl

1. Ein Backblech mit Backpapier auslegen. Einen flexiblen Tortenring (Höhe 10 cm) daraufstellen und ausziehen (Ø 26 cm). Die Backpapierecken am Ring hochziehen und mit Küchenband umlegen. Das Band festknoten. Den Backofen auf 180 °C Ober-/Unterhitze vorheizen. **2.** Die Eier in einer Küchenmaschine mit Schlagbesen 4 Minuten schaumig schlagen. Zucker und Salz einstreuen und mindestens 3 Minuten weiterschlagen. Mehl in mehreren Portionen unterheben. Den Teig in den Tortenring füllen. **3.** Das Backblech für etwa 50 Minuten in den vorgeheizten Backofen schieben. **4.** Den Biskuit auf einem Kuchenrost auskühlen lassen. **5.** Tortenring und Backpapier entfernen. Den Biskuit dreimal waagerecht durchschneiden. Den unteren Boden auf eine Tortenscheibe legen. Den gesäuberten Tortenring um den Boden stellen und festziehen. **6.** Erdbeeren abspülen und putzen. Eine Hälfte pürieren, die andere Hälfte in Stücke schneiden. Gelatine in kaltem Wasser nach Packungsanleitung einweichen. Mascarpone mit Zucker, Vanille-Zucker und dem Erdbeerpüree glatt rühren. **7.** Gelatine ausdrücken und in einem Topf bei schwacher Hitze

Für die Creme:

1 kg	Erdbeeren
9 Blatt	weiße Gelatine
500 g	Mascarpone (ital. Frischkäse)
200 g	feiner Zucker
1 Pck.	Dr. Oetker Bourbon-Vanille-Zucker
500 g	Schlagsahne (32 % Fett)

auflösen. Etwa 10 Esslöffel der Mascarponecreme nach und nach unter die Gelatine rühren. Dann die Gelatinemasse unter die restliche Mascarponecreme rühren. Die Creme kalt stellen, bis sie zu gelieren beginnt. **8.** Sahne steif schlagen und in mehreren Portionen unter die Mascarponecreme ziehen. Die Erdbeerstücke unter die Creme heben. **9.** Die Creme in 3 Portionen teilen und mit den Biskuitböden einschichten. Nach dem dritten Boden evtl. Alufolie um den Ring legen und fest verknicken. Mit einem Biskuitboden abschließen. Die Torte mindestens 6 Stunden kalt stellen. Den Tortenring entfernen.

QUARKSAHNE-TORTE

BILD 3

Für den Rührteig:

180 g	weiche Butter
180 g	Zucker
1	Prise Salz
5	Eier (Größe L)
200 g	Weizenmehl
100 g	geschälte, gemahlene Mandeln
2 TL	Dr. Oetker Backin

Zum Beträufeln:

	Saft von
4	Zitronen (100 ml)

1. Ein Backblech mit Backpapier auslegen. Einen flexiblen Tortenring (Höhe 10 cm) daraufstellen und ausziehen (Ø 18 cm). Die Backpapierecken am Ring hochziehen und mit Küchenband umlegen. Das Band festknoten. Den Backofen auf 180 °C Ober-/Unterhitze vorheizen. **2.** Butter in einer Küchenmaschine mit Rührbesen schaumig rühren. Nach und nach Zucker und Salz unterrühren. So lange rühren, bis eine gebundene Masse entstanden ist. **3.** Die Eier nach und nach unterrühren. Mehl, gemahlene Mandeln und Backpulver mischen und in mehreren Portionen unterrühren. Den Teig in den vorbereiteten Tortenring geben und glattstreichen. Das Backblech für etwa 90 Minuten in den vorgeheizten Backofen schieben. Den Kuchen evtl. nach 30 Minuten mit Backpapier belegen. **4.** Den Kuchen auf einem Kuchenrost auskühlen lassen. **5.** Tortenring und Backpapier entfernen. Den Kuchen dreimal waagerecht durchschneiden. Die Böden nebeneinander legen und mit Zitronensaft beträufeln. **6.** Mandarin-Orangen abtropfen lassen und auf die 3 unteren Böden verteilen. Den unteren Boden auf

Für die Creme:

2 Dosen	Mandarin-Orangen (je 175 g Abtropfgewicht)
5 Blatt	weiße Gelatine
500 g	Magerquark
150 g	Zucker
2 EL	Zitronensaft
400 g	Schlagsahne (32 % Fett)

SCHMUCK

Für die Blüten:

500 g	Icingpulver
etwa 70 ml	kaltes Wasser
	Speisefarbe, gelb, rot, grün
	Speisefarbspray gelb

KLEID

Für das Buttericing:

1 kg	weiche Butter
800 g	gesiebter Puderzucker

WERKZEUGE

	Einwegspritzbeutel mit Adapter
	Feine Lochtüllen Nr. 1 und 3
1 Satz	feiner Pastellpinsel

eine Tortenscheibe legen, einen Tortenring (Höhe 10 cm) um den Boden stellen und festziehen. **7.** Gelatine in kaltem Wasser nach Packungsanleitung einweichen. Quark mit Zucker und Zitronensaft verrühren. Sahne steif schlagen. **8.** Gelatine ausdrücken und in einem Topf bei schwacher Hitze auflösen. Ein Drittel des Quarks unter die Gelatine rühren. Die Gelatinemischung unter den restlichen Quark rühren. Die Sahne portionsweise unter die gelierende Quarkmasse heben. **9.** Die Creme dritteln und mit den vorbereiteten Böden einschichten. Nach dem dritten Boden evtl. Alufolie um den Ring legen und fest verknicken. Dann die letzte Cremeschicht einfüllen und mit dem oberen Boden bedecken. Den Kuchen etwa 12 Stunden kalt stellen. Den Tortenring abnehmen.

Orangen Mascarpone Mandeln

1. Blütenmotive abzeichnen oder kopieren (8 Schlüsselblumen, 16 Löwenzahn, 8 Klatschmohnblüten mit Knospen, 4 Maiglöckchen). Backpapier zuschneiden und auf die Zeichnungen legen. Die Hälfte des Icingpulvers mit dem Wasser verrühren. Übriges Icingpulver portionsweise zugeben, bis ein fester Spritzguss entstanden ist. Die Hälfte des Spritzgusses in einen Einwegspritzbeutel mit Adapter und feiner Lochtülle Nr. 3 füllen. **2.** Die Stiele und Konturen der Blüten auf das Backpapier spritzen. Etwas trocknen lassen. **3.** Feine Tülle (Nr. 1) aufschrauben und feine Blütenblätter und z.B. Pollen aufspritzen, etwas trocknen lassen. **4.** Übrigen Spritzguss mit etwas Wasser verdünnen, so dass ein weicher Spritzguss entsteht. In einen Spritzbeutel mit feiner Lochtülle Nr. 3 füllen. Die Blütenblätter mit weichem Spritzguss aufspritzen. **5.** Die Innenflächen der Blätter und Blüten mit Spritzguss ausfüllen. Mit einem feinen Pinsel an die Ränder ziehen. Etwa 1 Tag trocknen lassen. **6.** Blütenblätter mit gelber Farbe bemalen. **7.** Filigrane Blüten mit Speisefarbspray besprühen. **8.** Blätter mit stark verdünnter, grüner Speisefarbe überziehen. Einige Stunden trocknen lassen. Blattkonturen mit dünnem Pinsel und kräftiger Farbe konturieren. **9.** Für das Buttericing Butter in der Küchenmaschine mit Rührbesen etwa 4 Minuten schaumig schlagen. Puderzucker zugeben und weitere 3 Minuten schlagen. Den Rand der Himbeer-Orangen-Torte mit Buttericing einstreichen. Die Torte auf den unteren Tortenteller der Etagere stellen. Mit dem Ausstecher die Mitte der Torte ausstechen. **10.** Die Mittelsäule der Etagere eindrehen und fest einschrauben. **11.** Den Rand der Erdbeer-Mascarpone-Torte mit Buttericing einstreichen und auf den mittleren Tortenteller schieben. Die Mitte der Torte ausstechen. Den Tortenteller auf die Mittelsäule setzen. **12.** Die zweite Mittelsäule daraufschrauben. Die oberste Platte daraufsetzen und mit der dazu gehörigen Schraube befestigen. Den Rand der Mandarinen-Quarksahne-Torte einstreichen. Torte auf den Tortenteller setzen. Getrocknete Blätter und Blüten vorsichtig in die weiche Creme drücken.

1
2
3
4
5
6
7
8
9
10
11
12

Blütentraum

Feuerlilien schützen vor Unwettern aller Art.
Callas bieten ihren Namen als Symbol: Die Griechen nannten die weiße Blüte einfach „kallos" gleich „schön".
Wie jede Braut.

Zeitrahmen:

4 Tage vorher:
Blüten modellieren und trocknen lassen.

3 Tage vorher:
Die Blüten und Blätter einfärben und bemalen.

2 Tage vorher:
Die Torte zubereiten.

1 Tag vorher:
Die Torte mit Rollfondant einkleiden.

Einige Stunden vor dem Servieren:
Blüten auf der Torte arrangieren.

Ausnahmsweise flach und gut zu transportieren: Dieser Blütentraum ist das ideale Hochzeitgeschenk für ein Paar, das sich nur standesamtlich trauen lässt. Was diese Torte von ihren „Kollegen" unterscheidet, ist der Verzicht auf Mehrstöckigkeit. Auf Hochzeitstafeln, zumindest in Amerika, wo die Riesentorten noch beliebter sind als in Europa, demonstriert die Zahl der Etagen die Großzügigkeit des Brautvaters. Er muss das Prunkstück üblicherweise bezahlen, weil Selbstbacken solcher Kunstwerke eher unüblich ist.

Wer gern alte Regeln bricht, freut sich über diesen „Einstöcker". Besonders wenn er mit so ausgefallenen Blüten wie Feuerlilie und Calla geschmückt wurde.

Beide haben ihren eigenen Symbolwert: Feuerlilien, die einst wild in den südeuropäischen Bergen zwischen Pyrenäen und Balkan wuchsen, gehörten traditionell in den Sonnwendstrauß. Er wurde um Mitternacht ins Johannisfeuer geworfen und der Rauch der roten Blüten sollten Blitz-, Unwetter- und Feuergötter besanftigen. Hoffentlich schützen sie heute vor Ehestreit.

Die Calla war, ihrem antiken Namen getreu, immer ein Symbol der Schönheit. Wer sie verschenkte machte der Empfängerin damit ein großes Kompliment. Das gilt auch heute. Und weil „große" Komplimente oft der Anfang der Liebe sind, ist die Calla zusammen mit der Feuerlilie die perfekte Dekoration für diese einstöckige Hochzeitstorte.

Vanille Beerenfrüchte Kakao

BISKUITSTREIFEN

BILD 1

Für den Teig:

4	Eier (Größe L)
1	Prise Salz
80 g	Zucker
80 g	Weizenmehl
20 g	Kakaopulver
2 EL	Zucker

1. Ein Backblech (30 x 40 cm) mit Backpapier belegen. Den Backofen auf 180 °C Ober-/Unterhitze vorheizen. **2.** Eier und Salz in eine Rührschüssel geben. Mit Handrührgerät mit Rührbesen etwa 4 Minuten schaumig schlagen. Zucker nach und nach hinzufügen und weitere 2 Minuten schlagen. **3.** Mehl in eine Schüssel geben, Kakao darübersieben und untermischen. Mehlgemisch in mehreren Portionen unter die Eiermasse heben. **4.** Den Teig gleichmäßig auf das Backpapier streichen. Das Backblech für etwa 12 Minuten in den vorgeheizten Backofen schieben. **5.** Das Backblech auf einen Kuchenrost stellen. Den Biskuit auskühlen lassen. **6.** Biskuitplatte in zwei Streifen (je 10 x 35 cm) und einen Streifen (10 x 24 cm) schneiden. Backpapier entfernen. Biskuit für die Panna-Cotta-Torte verwenden.

PANNA-COTTA-TORTE

BILD 2

Für den Biskuitteig:

10	Eier (Größe L)
1 Prise	Salz
200 g	Zucker
200 g	Weizenmehl
50 g	Kakaopulver

1. Eine Aluplatte (32 x 43) mit Backpapier belegen. Einen flexiblen Tortenring (Höhe 10 cm) daraufstellen und ausziehen (Ø 31 cm). Die Backpapierecken am Ring hochziehen und mit Küchenband umlegen. Das Band festknoten. Den Backofen auf 180 °C Ober-/Unterhitze vorheizen. **2.** Eier und Salz in der Küchenmaschine mit Schlagbesen etwa 4 Minuten schaumig schlagen. Zucker nach und nach hinzufügen und weitere 2 Minuten schlagen. **3.** Mehl in eine Schüssel geben, Kakao darübersieben und untermischen. Mehlgemisch in mehreren Portionen unter die Eiermasse heben. **4.** Teig in den Tortenring füllen. Das Backblech für etwa 45 Minuten in den vorgeheizten Backofen schieben. **5.** Den Biskuit auf einem Kuchengitter auskühlen lassen. Tortenring und Backpapier entfernen. **6.** Für den Sirup Wasser und Zucker in einem Topf zum Kochen bringen. Die Vanilleschote längs aufschneiden, das Mark herauskratzen. Schote und Mark in den Topf geben. Etwa 30 Minuten bei schwacher Hitze köcheln lassen. Ab-

Für den Vanillesirup:

250 ml	Wasser
100 g	Zucker
1	Vanilleschote

Für die Panna cotta:

1 kg	Schlagsahne (32 % Fett)
1	Vanilleschote
8 Blatt	weiße Gelatine
150 g	Zucker
2 Pck.	Dr. Oetker Bourbon-Vanille-Zucker
1 kg	TK-Gemischte Beerenfrüchte
3 Pck.	Dr. Oetker Tortenguss, klar, ungesüßt
150 g	Zucker
700 ml	schwarzer Johannisbeernektar

kühlen lassen. Die Vanilleschote entfernen. **7.** Den Biskuitboden zweimal waagerecht durchschneiden. Den unteren Boden auf eine Torten-Servierplatte (Ø etwa 35 cm) legen. Einen flexiblen Tortenring (Höhe 10 cm) ausziehen (Ø 33 cm) und um den Boden legen. **8.** **BILD 3** Zugeschnittene Biskuitstreifen um den Biskuitboden in den Tortenring stellen. Ein Drittel des Vanillesirups auf den Tortenboden träufeln. **9.** Für die Panna cotta 200 g Schlagsahne in einen Topf gießen und erhitzen. Vanilleschote längs aufschneiden, das Mark herauskratzen. Schote und Mark in die Sahne geben. Etwa 20 Minuten bei schwacher Hitze köcheln lassen. **10.** Gelatine in kaltem Wasser einweichen. Restliche Sahne steif schlagen. Vanilleschote aus der heißen Sahne entfernen. Gelatine ausdrücken und in der heißen Sahne auflösen. **11.** Die heiße Gelatine-Sahne in eine große Rührschüssel gießen. Zucker und Bourbon-Vanille-Zucker unterrühren. Sahnemasse unter gelegentlichem Rühren abkühlen lassen, bis sie zu gelieren beginnt. **12.** Etwa ein Drittel der geschlagenen Sahne mit einem großen Schneebesen zügig unter die Vanillesahne rühren. Die übrige Sahne mit einem Teigschaber unterheben. **13.** Die Panna cotta in den Tortenring geben und glattstreichen. Den zweiten Biskuitboden darauflegen. Mit der Hälfte des übrigen Vanillesirups beträufeln. **14.** Tiefgekühlte Beerenfrüchte darauf verteilen. Tortenguss, Zucker und Johannisbeernektar in einem Topf verrühren und unter Rühren zum Kochen bringen. **15.** Den Tortenguss mit einem Löffel gleichmäßig auf den Früchten verteilen. Den letzten Biskuitboden darauflegen und andrücken. Mit dem restlichem Vanillesirup beträufeln. Die Torte mindestens 8 Stunden kalt stellen. Tortenring entfernen.

Rokokotorte

Leichtfüßig, zart, sensibel. Sinnenfreudig und erotisch.
So wollten Rokokomenschen vor 250 Jahren sein.
Ihr Ideal lebt in dieser zauberhaft-zarten Torte weiter.

Zeitrahmen:

1 Woche vorher:
Rocaillen modellieren. Tortenteller mit Rollfondant beziehen.

3–4 Tage vorher:
Baumkuchen backen.
Feigen-Orangen-Kuchen backen.

2 Tage vorher:
Kokos-Ananas-Kuchen, Nougattorte und Marzipantorte zubereiten.

1 Tag vorher:
Alle Kuchen einkleiden und die Verzierungen anbringen.

Am Tag der Hochzeit:
Die oberste Torte und das Brautpaar aufsetzen.

Verspielte Ranken, ein Hauch von Rosa auf Weiß, dazu ein herzhafter Geschmack – den liefern hier Zutaten, die auch in der Blütezeit des Rokoko für Festbäckereien bevorzugt wurden:

Ananas, die damals heiß begehrte Fruchtneuheit aus Amerika, Feigen und Orangen aus dem für seine Zuckerbäckereien bewunderten Orient und Marzipan, das nur in Apotheken verkauft wurde. Nicht nur, weil es kostbar-teuer war, sondern weil es als hochwirksame Arznei galt: Melancholische Frauen stimmte es heiter und regte, so glaubte man damals, ihre Lust auf Liebe an.

Die Menschen jener Zeit kehrten sich ab vom Prunk und von der Pracht der Höfe und entdeckten das, was man heute „Cocooning" nennt, die Freude am eigenen Zuhause. Ihr angesagter Trendschmuck für Möbel, Zierleisten, Stickereien und Architektur waren Rocailles, feine Schnörkel nach dem Vorbild großer Muscheln, von denen sie ihren Namen übernahmen.

Ihr Kennzeichen ist nicht die Verschlossenheit der Auster, sondern die vertrauensvoll-freundliche Öffnung nach außen, allem Schönen gegenüber. Deshalb schmücken Rocailles auch die moderne Rokokotorte. Als Symbol für die Offenheit, die heutige Paare bei aller Lust auf „traute" Zweisamkeit ihren Freunden entgegenbringen. Indem sie alle zu einer romantischen Hochzeit im Stil des liebenswürdig-verspielten Rokoko einladen.

BAUMKUCHEN

BILD 1

Das Rezept für den Teig zweimal nacheinander zubereiten und backen.

Für den Teig:

- 2 Bio-Zitronen (unbehandelt, ungewachst)
- 280 g weiche Butter
- 6 EL Orangenlikör, z. B. Cointreau oder Grand Marnier
- 1 Pck. Dr. Oetker Bourbon-Vanille-Zucker
- 12 Eigelb (Größe L)
- 12 Eiweiß (Größe L)
- 1 Prise Salz
- 260 g feiner Zucker
- 140 g Weizenmehl
- 140 g Speisestärke

1. Einen Bogen Backpapier auf eine runde Alu-Tortenscheibe (Ø 32 cm) legen. Einen flexiblen Tortenring (10 cm Höhe) daraufstellen und ausziehen (Ø 31 cm). Die Backpapierecken am Ring hochziehen und mit Küchenband umlegen. Das Band festknoten. **2.** Die Zitronen heiß abspülen und trocken tupfen. Zitronenschale abreiben. Butter, Zitronenschale, Likör, Vanille-Zucker und Eigelb in eine Rührschüssel geben und mit Handrührgerät mit Rührbesen schaumig rühren. **3.** In einer zweiten Rührschüssel Eiweiß, Salz und Zucker in etwa 4 Minuten steif schlagen. Mehl und Speisestärke mischen. **4.** Ein Drittel Eischnee mit dem Mehlgemisch zügig unter die Buttermischung rühren. Restlichen Eischnee mit einem Teigschaber vorsichtig unterheben. Backofengrill vorheizen. **5.** Jeweils 6 Esslöffel Teig in den Ring füllen und glatt streichen. Die Alu-Tortenscheibe auf den Backofenrost stellen und für etwa 2 Minuten unter den Backofengrill schieben. Den Teig braun backen. **6.** Den Teig Schicht um Schicht auf den heißen, gebackenen Kuchen streichen und backen, bis der Teig verbraucht ist. Darauf achten, dass der Kuchen gerade bleibt. Das Rezept für den Teig noch einmal zubereiten. Den Teig in den selben Ring, auf den heißen Kuchen schichten und auf die gleiche Weise backen. **7.** Den Kuchen auf einem Kuchenrost erkalten lassen. Tortenring und Backpapier entfernen. Den Kuchen in Alufolie wickeln und im Kühlschrank aufbewahren.

Orangen Cointreau Feigen

FEIGEN-ORANGEN-KUCHEN

BILD 2

Das Rezept für den Teig zweimal nacheinander zubereiten.

Für den Teig:

- 500 g getrocknete Feigen
- 125 ml (⅛ l) brauner Rum
- 375 g weiche Butter
- 1 Bio-Orange (unbehandelt, ungewachst)
- ½ TL gemahlener Zimt

1. Ein Backblech mit Backpapier auslegen. Einen flexiblen Tortenring (Höhe 10 cm) daraufstellen und ausziehen (Ø 27 cm). Die Backpapierecken am Ring hochziehen und mit Küchenband umlegen. Das Band festknoten. **2.** Die Stiele der Feigen abschneiden. Feigen in kleine Stücke schneiden und mit Rum beträufeln. Zugedeckt etwa 1 Stunde ziehen lassen. **3.** Orange heiß abspülen und trockentupfen. Die Orangenschale abreiben. Die Orange auspressen, den Saft zum Beträufeln beiseite stellen. Butter, Orangenschale und Zimt in der Küchenmaschine mit Rührbesen etwa 3 Minuten schaumig rühren. Eigelb nach und nach unterrühren. **4.** Mandeln, Mehl und Backpulver mischen und auf die Buttermasse geben, noch nicht unterrühren. **5.** Eiweiß, Zucker und Salz in der Küchenmaschine mit Schlagbesen in etwa 4 Minuten steif schlagen. **6.** Etwa ein Drittel Eischnee auf die Buttermasse und Mehlmischung geben und zügig unterrühren, so dass ein glatter Teig entsteht. Den restliche Eischnee portionsweise unterheben. Die eingeweichten Feigen unter den Teig ziehen. Den Teig in die vorbereitete Form geben und glatt streichen. **7.** Den Backofen auf 170 °C Ober-/Unterhitze vorheizen. Den Teig noch einmal zubereiten und auf den ersten Teig in die Form füllen.

3

6	Eigelb (Größe L)
250 g	geschälte, gemahlene Mandeln
400 g	Weizenmehl
1½ TL	Dr. Oetker Backin
6	Eiweiß (Größe L)
300 g	feiner Zucker, 1 Prise Salz

Zum Beträufeln:

2–3	Orangen

Das Backblech für etwa 2 Stunden in den vorgeheizten Backofen schieben. Den Kuchen nach etwa 40 Minuten mit Backpapier abdecken. **8.** Den Kuchen auf einem Kuchenrost auskühlen lassen. **9.** Die Orangen auspressen und 175 ml Saft abmessen. Den Kuchen damit beträufeln. **10.** Tortenring und Backpapier entfernen. Gewölbte Kuchenoberfläche gerade schneiden.

Tipp: Die Feigen für beide Rezepte auf einmal vorbereiten.

KOKOS-ANANAS-KUCHEN

BILD 3

Für den Rührteig:

1 Dose	Ananas in Scheiben (490 g Abtropfgewicht)
3	Bio-Limetten (unbehandelt, ungewachst)
500 g	weiche Butter
400 g	feiner Zucker, 1 Prise Salz
10	Eier (Größe L)
600 g	Weizenmehl
170 g	Kokosraspel
1 Pck.	Dr. Oetker Backin
100 ml	brauner Rum

1. Eine Alu-Tortenscheibe mit Backpapier belegen. Einen flexiblen Tortenring (Höhe 10 cm) daraufstellen und ausziehen (Ø 22 cm). Die Backpapierecken am Ring hochziehen und mit Küchenband umlegen. Das Band festknoten. Den Backofen auf 180 °C Ober-/Unterhitze vorheizen. **2.** Ananasscheiben in einem Sieb abtropfen lassen. Die Scheiben in kleine Würfel schneiden. Die Limetten heiß abspülen und trocken tupfen. Limettenschale abreiben. **3.** Butter und Limettenschale in eine Rührschüssel geben und mit Handrührgerät mit Rührbesen schaumig rühren. Zucker und Salz unterrühren. **4.** Die Limetten auspressen, den Saft unter die Butter rühren. Eier nach und nach unterrühren. **5.** Mehl, Kokosraspel und Backpulver mischen und in mehreren Portionen unter die Buttermasse rühren. Ananaswürfel unter den Teig heben. Den Teig in den Ring füllen und glattstreichen. Die Alu-Tortenplatte auf den Rost des Backofens stellen. Den Backofenrost für etwa 2 Stunden in den vorgeheizten Backofen schieben. Nach etwa 60 Minuten den Kuchen mit Backpapier abdecken. **6.** Den Kuchen auf einem Kuchenrost auskühlen lassen. **7.** Mit einem Holzspieß kleine Löcher in den Kuchen stechen. Den Rum langsam auf den Kuchen gießen und einziehen lassen. Tortenring und Backpapier entfernen. Gewölbte Kuchenoberfläche gerade schneiden.

4

NOUGATTORTE

BILD 4

Das Rezept für die Mandelböden zweimal nacheinander zubereiten und backen.

Für die Mandelböden:

- 150 g geschälte, gemahlene Mandeln
- 50 g gesiebter Puderzucker
- 50 g Speisestärke
- 4 Eigelb (GrößeL)
- 4 Eiweiß (Größe L)
- 1 Prise Salz
- 125 g feiner Zucker

Für die Nougatcreme:

- 1 Pck. Dr. Oetker Pudding-Pulver Schokolade-Geschmack
- 250 ml Milch
- 250 g Schlagsahne (32 % Fett)
- 90 g feiner Zucker
- 200 g Nougat
- 250 g zimmerwarme Butter
- 50 g gesiebter Puderzucker
- 1 Glas Sauerkirschen (350 g Abtropfgewicht)

1. Auf 6 Bögen Backpapier jeweils einen Kreis (Ø 22 cm) zeichnen. Die Bögen umdrehen. 3 Bögen nebeneinander auf die Arbeitsfläche legen. **2.** Mandeln, Puderzucker und Speisestärke mischen. Eigelb in eine große Rührschüssel geben, mit einem Schneebesen glattrühren. **3.** Eiweiß, Salz und 50 g Zucker in eine Rührschüssel geben und mit Handrührgerät mit Rührbesen etwa 3 Minuten steif schlagen, restlichen Zucker dazugeben und weitere 4 Minuten schlagen. **4.** Die Mandelmischung auf das Eigelb geben. Ein Drittel Eischnee daraufgeben und kurz unterrühren. Übrigen Eischnee mit einem Teigschaber vorsichtig unterheben. **5.** Den Teig gleichmäßig auf den Kreisen der 3 Bögen Backpapier verteilen und mit einer Palette in den Kreisen glatt streichen. **6.** Die Backpapiere mit dem Teig auf Backbleche oder Alu-Tortenscheiben ziehen. Tortenscheiben auf Backofenroste legen. **7.** Die Backbleche oder Roste für etwa 10 Minuten in den vorgeheizten Backofen schieben. Die Mandelböden braun backen. **8.** Den Teig noch einmal zubereiten, auf die übrigen Bögen Backpapier streichen und wie beschrieben backen. **9.** Die Mandelböden auf Kuchenrosten auskühlen lassen. Backpapier entfernen. **10.** Aus jedem Mandelboden mit einem flexiblen Tortenring eine runde Platte (Ø 20 cm) ausstechen. **11.** Für die Nougatcreme Puddingpulver mit 125 ml der Milch verrühren. Übrige Milch, Sahne und Zucker in einem Topf aufkochen lassen. Angerührtes Puddingpulver unterrühren. **12.** Nougat in Stücke schneiden und unter gelegentlichem Rühren im heißen Pudding auflösen. Frischhaltefolie direkt auf den heißen Pudding legen. Den Pudding auf Zimmertemperatur abkühlen lassen. **13.** Den Pudding in eine große Rührschüssel füllen und mit einem großen Schneebesen glattrühren. **14.** Butter und Puderzucker in eine Rührschüssel geben und mit Handrührgerät mit Rührbesen etwa 4 Minuten weiß-schaumig schlagen. **15.** Die Butter auf den Pudding geben und mit einem großen Schneebesen zügig unterrühren, so dass eine glatte Creme entsteht. 250 g Creme zum Einstreichen der Torte beiseitestellen. **16.** Sauerkirschen in einem Sieb gut abtropfen lassen. Restliche Nougatcreme auf 5 Mandelböden verteilen und glattstreichen. Die Sauerkirschen darauf verteilen (große Kirschen durchschneiden). **17.** Die bestrichenen Böden aufeinander schichten, den 6. Mandelboden darauflegen und gleichmäßig andrücken. Die Torte mit der beiseitegestellten Creme einstreichen. Mindestens 12 Stunden kalt stellen.

Nougat
Marzipan
Mandeln

MARZIPANTORTE

BILD 5

Für den Biskuitteig:

- 100 g Weizenmehl
- 50 g gemahlene Haselnusskerne
- 5 Eier (Größe L)
- 2 EL heißes Wasser
- 120 g feiner Zucker
- 1 Prise Salz

Für die Marzipancreme:

- 200 g Marzipan-Rohmasse
- 50 ml Milch
- 50 ml brauner Rum

Für die Haselnusssahne:

- 300 g Schlagsahne (32 % Fett)
- 40 g gemahlene Haselnusskerne
- 30 g feiner Zucker
- 3 EL brauner Rum

1. Einen Bogen Backpapier auf den Boden einer Springform (Ø 18 cm) legen und mit Springformrand straff einspannen. Einen doppelten Streifen Backpapier (etwa 8 cm Höhe) in die Form stellen. Den Backofen auf 180 °C Ober-/Unterhitze vorheizen. **2.** Mehl und gemahlene Nüsse mischen. **3.** Eier und Wasser in eine Rührschüssel geben und mit Handrührgerät mit Rührbesen etwa 3 Minuten schaumig schlagen. Zucker und Salz dazugeben und weitere 3 Minuten schlagen. Das Mehlgemisch in 2 Portionen unterheben. Den Teig in die Form füllen und glatt streichen. Die Form auf den Rost des Backofens stellen. Den Backofenrost für etwa 40 Minuten in den Backofen schieben. **4.** Den Biskuit auf einem Kuchenrost auskühlen lassen. Die Springform und das Backpapier entfernen. **5.** Vom Biskuit einen Deckel abschneiden und auf eine Tortenscheibe legen. Den Biskuit so aushöhlen, dass ein 2 cm breiter Rand und der Boden stehen bleiben. (Ausgehöhlte Biskuitreste anderweitig verwenden.) **6.** Marzipan-Rohmasse kleinschneiden und mit der Milch pürieren. Rum dazugeben und nochmals kurz pürieren. Die Masse in den ausgehöhlten Biskuit füllen, Ränder und Boden damit bestreichen.

7. Die Sahne steif schlagen. 4 Esslöffel Sahne zum Bestreichen beiseitestellen. Haselnüsse, Zucker und Rum unter die restliche Sahne heben. Die Haselnusssahne in den Biskuit füllen. Den Deckel darauflegen und andrücken. Die Torte mit der übrigen Sahne bestreichen. Mindestens 12 Stunden kalt stellen.

KLEID

Zum Einkleiden der Platte:

1	sehr frisches Eiweiß (Größe L)
800 g	Rollfondant für die Tortenplatte
etwas	Puderzucker

Zum Einkleiden der Torte:

700 g	Aprikosenkonfitüre
2 EL	feiner Zucker
2 EL	Wasser
6 kg	Rollfondant

SCHMUCK

Für die Rocaillen und die anderen Ornamente:

1500 g	Rollfondant
etwas	Puderzucker
600 g	Icingpulver
etwa 50 ml	Wasser

WERKZEUGE

1	Prägerolle mit Baumrindendekor
1	runde Holzplatte (Ø 45 cm)
1	Silikonrolle
4	Papierbögen A3
4	rechteckige Alu-Tortenplatten
1 Satz	Modellierstäbe
1	Fondantglätter
1	Brautpaar

1. Zum Einkleiden das Eiweiß verquirlen. Rollfondant geschmeidig kneten, mit Puderzucker bestäuben und rund ausrollen (Ø etwa 50 cm). Mit der Prägerolle ein Muster eindrücken. Holzplatte mit Eiweiß bestreichen. Fondant auf die Holzplatte legen, am Rand andrücken. Überstehenden Fondant abschneiden. Für die großen Rocaillen 900 g Rollfondant geschmeidig kneten. Fondant dritteln. Aus jedem Drittel 12 kleine Rollen (je 18 cm Länge) mit spitzen Enden formen. Die Enden mit der Schere 1 cm tief einschneiden. **2.** Auf 1 Bogen Papier parallel laufende Linienpaare mit 10 cm Abstand zeichnen, auf 2 Bögen Papier parallel laufende Linienpaare mit 12 cm Abstand zeichnen. Papiere auf 3 rechteckige Tortenunterlagen legen und mit Frischhaltefolie glatt bedecken. Für die untere Torte 12 Fondantrollen zu bauchigen Bögen formen und zwischen die Linien mit 10 cm Abstand legen. Für die zweite und dritte Torte schlankere Bögen formen und zwischen die Linien mit 12 cm Abstand legen. Für die vierte Torte eine Tortenunterlage mit Frischhaltefolie bedecken. 200 g Rollfondant geschmeidig kneten, zu einer Rolle formen und in 12 Stücke schneiden. Daraus 12 kleine Rollen (je 13 cm Länge) formen. Die Enden der Rollen spitz formen und 1 cm tief einschneiden. Jede Rolle in eine S-Form (etwa 10 cm Höhe) bringen und auf Frischhaltefolie legen. Alle Ornamente mit Frischhaltefolie bedecken, damit sie nicht antrocknen. **3.** Die Enden der Bögen auseinander ziehen. Bögen an der Innen- und Außenseite mit den Fingern flach drücken. **4.** Mit einem Modellierspachtel der Länge nach eine Mittellinie in die Bögen drücken. **5.** In den äußeren Rand der Bögen mit einer großen Modellierkugel dicht an dicht Muschelformen eindrücken. Dabei die Modellierkugel nach außen ziehen, so dass eine Muschelform entsteht. **6.** In die Innenseite der Bögen mit der kleinen Modellierkugel dicht an dicht kleine Mulden drücken. **7.** Mit einer Modellierspitze kleine Löcher in die Mulden drücken. Die Innenseiten mit einem gezahnten Modellierspachtel nacharbeiten. **8.** Icingpulver und Wasser zu einem dickflüssigen Spritzguss verrühren. Etwas Guss in eine Papierspritztüte füllen und schleifenartig in die Innenflächen der Bögen spritzen. 2 Tage trocknen lassen. Restlichen Guss mit Frischhaltefolie bedeckt kalt stellen. **9.** Die Rückseiten mit Spritzguss verzieren. 1 Tag trocknen lassen. Für das Brautpaar 100 g Rollfondant ausrollen und eine runde Platte (Ø 12 cm) ausstechen. Den Rand mit einem gezahnten Modellierstab verzieren. 1 Tag trocknen lassen. **10.** Aprikosenkonfitüre pürieren und mit Zucker und Wasser aufkochen, auf die drei unteren Torten streichen. Fondant kneten, abdecken und portionsweise ausrollen. Alle Torten mit Rollfondant einkleiden (siehe Seite 108). Die erste, zweite und dritte Torte auf die Holzplatte stapeln. Einen Plastikteller (Ø 18 cm) auf die dritte Torte legen. Die vierte Torte daraufsetzen. Die Höhe der 4. Torte messen. Zur Stabilisierung der Torte 6 Torten-Holzdübel in der gleichen Länge zuschneiden und in die Torte drücken (siehe Seite 108). Den Säulenteller zusammensetzen, auf die Torte legen und die obere Torte daraufstellen. Die Platte für das Brautpaar auf die Torte legen. **11.** Ränder der Torten mit Spritzguss verzieren. Für die kleinen Rocaillen aus etwa 250 g Rollfondant 40 Rollen (je 5 cm Länge und 0,5 cm Ø) formen. Bögen formen und auf Frischhaltefolie legen. Mit dem Knochenmodellierstab ein Muschelmuster in die Bögen drücken. **12.** Die großen Rocaillen mit etwas Spritzguss an die entsprechenden Torten kleben. Kleine Rocaillen mit Spritzguss in die Zwischenräume kleben. Für die obere Torte 250 g Rollfondant kneten und zu einer Rolle (Ø 1 cm) formen, in 12 Stücke (je 8 cm Länge) schneiden, auf Frischhaltefolie legen und kleine Rocaillen ausformen. Bögen mit der offenen Seite nach oben mit Spritzguss an die obere Torte kleben. Rand mit einem Blütenmotiv aus Spritzguss verzieren. Brautpaar zum Schluss auf die Torte setzen.

1
2
3
4
5
6
7
8
9
10
11
12

Kirschblütentorte

Sehr überraschend und doch so symbolreich wie jede helle Hochzeittorte: zuckrig-zarte Kirschblütenzweige auf „sattbrauner" Schokolade.

Zeitrahmen:

3–4 Tage vorher:
Schoko-Krokant-Kuchen und Canachekuchen zubereiten. Kandierte Maronen zubereiten. Mürbeteigböden und Baiserböden backen.

2 Tage vorher:
Kirschzweige und Blüten herstellen. Kuchen, bis auf den Baiser, zusammensetzen und kalt stellen.

1 Tag vorher:
Baiser zusammensetzen, Kuchen aufschichten, Schokoladenplatten anbringen. Kirschzweige und Blüten ankleben.

Blüten der Liebe? Spontan fallen den meisten Verliebten da nur Rosen ein. Vielleicht noch das Vergissmeinnicht. Aber Liebe gibt es nicht nur in den Farben rot und blau, sondern auch in zartem Rosé. So wie die duftigen Blüten des Kirschbaums, die auch dann noch verzaubern, wenn der Wind sie verweht. Die dunkelroten Früchte, die sie ankündigen, lösen ihr Versprechen auf den Glücksgenuss der Zukunft ein.

Wer nach einer außergewöhnlichen Hochzeitstorte Ausschau hält, kann deshalb auf Rosen, Girlanden und alle bekannten Symbol-Dekorationen verzichten und sich den Kirschblüten zuwenden. Nicht nur in Japan gehen junge Männer gern unter blühenden Kirschbäumen auf Brautschau. Und junge Frauen wissen, dass ihr zarter weiß-rosa-Blütencharme sie verführerischer wirken lässt als alle farbenfrohen Blumen. In Kyoto wie in deutschen Kirsch-Anbaugebieten.

Was diese Hochzeitstorte optisch unwiderstehlich macht, ist der bewusste Gegensatz zwischen dunkel-kräftigem Überzug und wie hingetupft wirkenden Blüten und Blättern. Sie spiegelt den Sinn dieses Tages – im Kontrast zwischen der Vergänglichkeit der Blüten und der Hoffnung auf süße Frucht.

Die Gäste genießen den Geschmack der außergewöhnlichen Tortenvariationen in jeder der vier Etagen, Braut und Bräutigam (und alle BäckerInnen dieser Torte) erfreuen sich zusätzlich an dem kirschblütenzarten Glücksversprechen.

SCHOKO-KROKANT-KUCHEN

BILD 1

Für den Krokant:

300 g	Haselnusskerne
150 g	feiner Zucker

Für den Rührteig:

500 g	weiche Butter
5 Tropfen	Rum-Aroma
250 g	feiner Zucker
250 g	gesiebter Puderzucker
1 Prise	Salz
12	Eier (Größe L)
750 g	Weizenmehl
1 Pck.	Dr. Oetker Backin
250 g	Zartbitter-Raspelschokolade

Zum Beträufeln:

100 g	feiner Zucker
100 ml	Wasser
50 ml	brauner Rum

1. Den Backofen auf 180 °C Ober-/Unterhitze vorheizen. Haselnüsse auf einem Backblech verteilen. Das Backblech für etwa 15 Minuten in den vorgeheizten Backofen schieben. Geröstete Nusskerne etwas abkühlen lassen und portionsweise auf ein Geschirrtuch geben. Das Geschirrtuch über den Kernen zusammendrehen. Die Nuss-Häutchen damit abreiben. Die Nusskerne in mehreren Portionen im Blitzhacker grob hacken. **2.** Zucker in einer breiten Pfanne bei mittlerer Hitze karamellisieren lassen. Die Haselnüsse untermischen. Den Krokant auf ein Stück Backpapier verteilen und abkühlen lassen. Den Krokant grob hacken. **3.** Ein Backblech mit Backpapier auslegen. Einen eckigen, flexiblen Backrahmen daraufstellen und ausziehen (25 x 25 cm). Die Backpapierecken am Rahmen hochziehen und mit Küchenband umlegen. Das Band festknoten. Einen doppelten Streifen Alufolie (9 cm Höhe) um den Backrahmen legen und zusammenkniffen, so dass der Teig nicht überlaufen kann. **4.** Den Backofen auf 180 °C Ober-/Unterhitze vorheizen. Butter und Rum-Aroma in einer Küchenmaschine mit Rührbesen 4 Minuten schaumig rühren. Nach und nach Zucker, Puderzucker und Salz unterrühren. **5.** Die Eier nach und nach unterrühren. Mehl und Backpulver mischen und in mehreren Portionen unterrühren. Raspelschokolade und gehackten Krokant unterheben. Den Teig in den Backrahmen füllen und glatt streichen. Das Backblech für etwa 100 Minuten in den vorgeheizten Backofen schieben. Nach etwa 30 Minuten mit einem Stück Backpapier abdecken. **6.** Den Kuchen auf einem Kuchenrost auskühlen lassen. **7.** Backrahmen und Backpapier entfernen. Kuchenränder und -kanten glatt schneiden. **8.** Zucker und Wasser in einem Topf aufkochen, bis sich der Zucker gelöst hat. Abkühlen lassen. Den Rum unterrühren. Den Krokantkuchen damit beträufeln.

CANACHEKUCHEN

BILD 2

Für den Rührteig:

150 g	Zartbitter-Kuvertüre
500 g	weiche Butter
400 g	gesiebter Puderzucker
1 Prise	Salz
12	Eier (Größe L)
700 g	Weizenmehl
50 g	Kakaopulver
1 Pck.	Dr. Oetker Backin
100 g	Zartbitter-Raspelschokolade

Für die Canache-Creme:

500 g	Schlagsahne (32 % Fett)
500 g	Zartbitter-Kuvertüre
100 ml	Espresso
150 ml	Orangenlikör, z. B. Cointreau

1. Ein Backblech mit Backpapier auslegen. Einen eckigen, flexiblen Backrahmen daraufstellen und ausziehen (25 x 25 cm). Die Backpapierecken am Rahmen hochziehen und mit Küchenband umlegen. Das Band festknoten. Den Backofen auf 180 °C Ober-/Unterhitze vorheizen. **2.** Die Kuvertüre grob hacken und über dem Wasserbad schmelzen. Auf Handwärme abkühlen lassen. **3.** Butter in der Küchenmaschine mit Rührbesen schaumig rühren. Die Kuvertüre unterrühren. Puderzucker und Salz nach und nach unterrühren. **4.** Die Eier nach und nach unterrühren. **5.** Mehl, Kakao und Backpulver mischen und in mehreren Portionen kurz unter den Teig rühren. Raspelschokolade unterziehen. Den Teig in den Backrahmen füllen und glattstreichen. **6.** Das Backblech für etwa 100 Minuten in den vorgeheizten Backofen schieben. Nach etwa 60 Minuten den Kuchen evtl. mit Backpapier bedecken. **7.** Den Kuchen auf einem Kuchenrost auskühlen lassen. Backrahmen und Backpapier entfernen. **8.** Für die Canachecreme Sahne bei mittlerer Hitze in einem Topf erhitzen. Kuvertüre hacken und in die heiße Sahne geben. Den Topf vom Herd ziehen. Sahnemasse gelegentlich umrühren, bis die Kuvertüre geschmolzen ist. Die Creme beiseitestellen. **9.** Die gewölbte Oberfläche des Kuchens gerade schneiden. Den Kuchen 4-mal waagerecht durchschneiden. Die Böden auf fünf Tortenscheiben legen und mit Espresso und Likör beträufeln. **10.** Die Canachecreme leicht anwärmen, glattrühren, auf die Böden verteilen und glattstreichen. Die Kuchenplatten aufeinanderschichten und kühl stellen.

MARONEN-BUTTERCREME-TORTE

BILD 3

Für die kandierten Maronen:

1 kg gekochte Maronen (aus dem Vakuum-Pack)
2 Bio-Orangen (unbehandelt, ungewachst)
1–2 Orangen zum Auspressen
400 g feiner Zucker

Für den Mürbeteig:

600 g Weizenmehl
100 g feiner Zucker
1 Prise Salz
100 g gesiebter Puderzucker
1 Pck. Dr. Oetker Bourbon-Vanille-Zucker
500 g Butter
4 Eigelb (Größe M)
1 Msp. gemahlener Kardamom
100 g Walnusskerne

Für die Buttercreme:

500 ml Milch
500 ml Maronensud
100 g feiner Zucker
2 Pck. Dr. Oetker Pudding-Pulver Schokoaden-Geschmack
750 g zimmerwarme Butter
250 g gesiebter Puderzucker
120 g Zartbitter-Raspelschokolade

1. Die Maronen voneinander lösen. Bio-Orangen heiß abspülen, trocken tupfen und die Schale in einen Topf reiben. Alle Orangen auspressen. 300 ml Saft abmessen. Orangensaft und Zucker in den Topf geben und aufkochen. **2.** Die Maronen in den Topf geben und etwa 20 Minuten leise köcheln lassen. Beiseitestellen und abkühlen lassen. Die Maronen in den Kühlschrank stellen und mindestens 1–2 Tage in dem Sud ziehen lassen. **3.** Den Backofen auf 180 °C Ober-/Unterhitze vorheizen. **4.** Mehl, Zucker, Salz, Puderzucker, Vanille-Zucker, Butter, Eigelb und Kardamom in der Küchenmaschine mit Knethaken zu einem Mürbeteig verarbeiten. Walnüsse im Blitzhacker fein hacken und unter den Teig kneten. Den Teig vierteln, evtl. kalt stellen. **5.** Jedes Viertel auf Backpapier zu einem Quadrat (25 x 25 cm) ausrollen. Quadrate mit dem Papier auf Backbleche ziehen. **6.** Backbleche nacheinander für etwa 12 Minuten in den vorgeheizten Backofen schieben. Den noch heißen Mürbeteig exakt auf 25 x 25 cm schneiden. Teigplatten mit dem Backpapier auf Kuchenroste ziehen und auskühlen lassen. **7.** Die kandierten Maronen in einem Sieb abtropfen lassen, 500 ml Maronensud abmessen. **8.** Milch, Maronensud, Zucker und Pudding-Pulver in einem Topf verrühren und unter Rühren aufkochen. **9.** Den Pudding in eine Schüssel füllen. Frischhaltefolie direkt auf den heißen Pudding legen. Pudding auf Zimmertemperatur abkühlen lassen. **10.** Butter und Puderzucker in der Küchenmaschine mit Rührbesen etwa 10 Minuten weißschaumig rühren. **11.** Den Pudding mit einen großen Schneebesen glattrühren und in mehreren Portionen kurz unter die Butter rühren. Die Raspelschokolade unterheben. **12.** Die Mürbeteigböden vom Backpapier auf 4 Tortenscheiben ziehen. Auf drei Böden die abgetropfen Maronen verteilen. Die Buttercreme gleichmäßig darauf verteilen und glattstreichen. Die Böden aufeinander schichten und etwa 1 Stunde kalt stellen.

4

BAISER MIT RUM-MOUSSE

BILD 4

Für die Baiserböden:

10	Eiweiß (Größe L)
400 g	feiner Zucker, 1 Prise Salz
70 g	Speisestärke

Für die Rum-Mousse:

700 g	Zartbitter-Kuvertüre
1,2 kg	Schlagsahne (32 % Fett)
50 ml	brauner Rum oder Weinbrand

1. Für 4 Backbleche Backpapier zuschneiden. Auf jedes Stück Backpapier ein Quadrat (25 x 25 cm) zeichnen. Backpapiere jeweils umgedreht auf die Bleche legen. Den Backofen auf 140 °C Umluft vorheizen. **2.** Eiweiß mit 100 g Zucker in der Küchenmaschine mit Schlagbesen etwa 5 Minuten schaumig schlagen. Den übrigen Zucker in mehreren Portionen zufügen und weitere 5 Minuten schlagen, bis ein festes Baiser entstanden ist. **3.** Speisestärke darübersieben und unterheben. Baiser gleichmäßig auf die Backpapiere verteilen und glattstreichen. **4.** Die Backofentemperatur auf 120 °C Umluft herunterschalten. Die Backbleche für etwa 90 Minuten in den vorgeheizten Backofen schieben. Baisermasse hellbraun backen. **5.** Baiserböden auf Kuchenrosten auskühlen lassen. Backpapier entfernen. Die Ränder gerade schneiden. Die abgeschnittenen Baiserstücke aufbewahren. Jeden Baiserboden auf eine Tortenscheibe ziehen und nebeneinander auf die Arbeitsfläche legen. **6.** Die Kuvertüre hacken und in einer großen Metallschüssel über dem Wasserbad schmelzen. **7.** Sahne in der Küchenmaschine mit Schlagbesen halb steif schlagen. **8.** Ein Drittel der geschlagenen Sahne mit einem Teigschaber zügig unter die heiße Kuvertüre rühren. Die restliche Sahne und den Rum oder Weinbrand vorsichtig unterheben, so dass eine homogene Masse entsteht. Baiserabschnitte kurz unterheben. **9.** Die Mousse gleichmäßig auf die vier Baiserböden verteilen und glattstreichen. Böden aufeinander schichten. Etwa 1 Stunde kalt stellen.

SCHMUCK

Für Zweige und Blüten:

500 g	Icingpulver
80 ml	Wasser
	braune, blaue, schwarze und gelbe Speisefarbe
	Blütenpollen
	rotes Lebensmittel-Farbspray

1. Auf ein Blatt Papier ein Rechteck (25 x 35 cm) zeichnen. Zweige in das Rechteck zeichnen. Das Papier mit Backpapier belegen. **2.** 250 g Icingpulver mit 40 ml Wasser, brauner, blauer und schwarzer Lebensmittelfarbe anrühren. In zwei Spritzbeutel mit feiner Lochtülle und großer Lochtülle füllen. Grobe und feine Zweige auf das Backpapier spritzen. Etwa 2 Tage trocknen lassen. Restliches Icingpulver mit restlichem Wasser zu einen festen Spritzguss verrühren. Etwa 1 Esslöffel davon in einen Spritzbeutel mit kleiner Lochtülle Nr. 3 füllen. Damit Blütenknospen an die Zweigenden spritzen. **3.** Die übrige Icingmasse in einen Spritzbeutel mit Blatttülle (Nr. 104) füllen. Aus Backpapier Quadrate (je 4 x 4 cm) schneiden. Für jede Blüte einen Klecks Icingmasse auf einen Blumennagel geben. Ein Backpapierquadrat daraufkleben. Unter Drehen des Nagels eine Blüte aufspritzen. (Etwas Icingmase zum Ankleben der Blüten in einem Gefrierbeutel aufheben.) **4.** Jeweils 2 Blütenpollen zusammenlegen, in der Mitte knicken und zusammendrehen. Die Drähte etwas abschneiden. Die Pollen in die noch weichen Blüten stecken. Die Blüten etwa einen Tag trocknen lassen. **5.** Die getrockneten Kirschblüten mit rotem Farbspray übersprühen. **6.** Die Blütenmitte mit einem Pinsel mit gelber Speisefarbe bemalen. **7.** Die getrockneten Zweige mit brauner Speisefarbe bemalen. **8.** Die Torten auf eine Tortenplatte stapeln. Die Mousse in kleinen Portionen auf die Torte geben. Die Torte rundherum damit einstreichen. **9.** 4 Stücke Backpapier zuschneiden. Die aufgelöste Kuvertüre auf das Backpapier geben und mit einer Palette glattstreichen. Dabei jeweils rundherum einen etwa 2 cm breiten Rand frei lassen. Kalt stellen. **10.** Die gekühlten Schokoladenplatten mit dem Papier an die Torte drücken, das Backpapier abziehen. **11.** Die Kirschzweige vorsichtig in die Mousse drücken. Evtl. die unteren Teile mit etwas von der restlichen Icingmasse an die Torte kleben. **12.** Die Kirschblüten mit restlicher Icingmasse an die Zweige kleben. Die Torte bis zum Servieren kalt stellen.

KLEID

Für die Kuvertüre-Platten:

600 g	Zartbitter-Kuvertüre

WERKZEUGE

	Papier
	Einweg-Spritzbeutel
1	feiner Pinsel
1	Palette
1	Winkelpalette
1	Blumennagel
	Blüten-, Blatt- und Lochtüllen
1	feine Lochtülle (Wilton Nr. 3)
1	große Lochtülle (Ø 6 mm)
1	Blatttülle (Nr. 104)

1
2
3
4
5
6
7
8
9
10
11
12

Rosentorte

Rote Rosen sind das zeitlose In-Symbol für Liebende. Als Hochzeitstorten-Schmuck unübertrefflich, wenn sie in sommerlicher Üppigkeit auftreten.

Zeitrahmen:

1 Woche vorher:
Fondantrosen modellieren und trocknen lassen.

3 Tage vorher:
Die Rosen mit Lebensmittel-Farbspray färben. Zitronenkuchen backen.

2 Tage vorher:
Haselnussbiskuit zubereiten. Zitronenkuchen schichten.

1 Tag vorher:
Die Kuchen stapeln, einstreichen und garnieren.

½ Tag vorher:
Die Torte mit Rosen garnieren.

1000 rote Rosen ließ Playboy Gunther Sachs einst vom Hubschrauber auf den damaligen Top-Star Brigitte Bardot regnen (oder genauer gesagt: auf das Côte d'Azur-Haus, auf dessen Terrasse sie ein Sonnenbad nahm). Eine extravagante Liebeserklärung – das ist auch diese Hochzeitstorte, denn nicht nur die Rosen strahlen im Liebesrot, die Füllung tut's beim Anschneiden auch. Der Sauerkirschen wegen, die hier mit Zitronen-Cassis-Krokant-Nougat-Marzipan- und Rumaroma „verheiratet" werden.

Sie ist das richtige Geschenk für alle, die zumindest an ihrem Hochzeitstag mit Hildegard Knef singen möchten: „Für mich soll's rote Rosen regnen", mit René Carol von „Rote Rosen, rote Lippen, roter Wein" schwärmen oder mit Edith Piaf „La vie en rose" preisen. Alles schon ziemlich lange her, die Protagonisten nicht mehr so ganz aktuell, aber die Rosentorte hat mehr zu bieten als nostalgische Erinnerungen:

Ihre optische Überraschung: Die Rosen bekommen durch Übersprühen mit einem glänzenden und einem matten Farbspray Tiefe, Lebendigkeit und Schönheit.

Der Clou: Die rote Tortenmasse kann, wenn ihre Konsistenz oder ihr Aroma nicht auf Anhieb gefällt, einfach wieder zusammengekratzt und neu aufgeschlagen werden.

Die Freude für alle, die Angst vorm schnellen Verfall cremiger Torten haben: Das schneeweiße Butter-Icing, mit dem die Torte verschlossen wird, ist in einer Stunde fest – so unempfindlich wie eine dicke Plastikfolie. Sie hält den Inhalt tagelang frisch.

ZITRONENKUCHEN

BILD 1

Für den Rührteig:

- 500 g weiche Butter
- 6 Bio-Zitronen (unbehandelt, ungewachst)
- 450 g Zucker
- 1 Prise Salz
- 10 Eier (Größe L)
- 300 g geschälte, gemahlene Mandeln
- 700 g Weizenmehl
- 1 Pck. Dr. Oetker Backin

Zum Beträufeln:

- Saft von 6 Zitronen (300 ml)

Für die Füllung:

- 1½ Pck. Dr. Oetker Pudding-Pulver Vanille-Geschmack (60 g)
- 150 g Zucker
- 750 ml schwarzer Johannisbeernektar

1. Zwei flexible Tortenringe (Höhe 10 cm) bereithalten. Ein Backblech mit Backpapier auslegen. Einen flexiblen Tortenring daraufstellen und ausziehen (Ø 22 cm). Die Backpapierecken am Ring hochziehen und mit Küchenband umlegen. Das Band festknoten. Einen doppelten Streifen Backpapier (Höhe 16 cm) in den Tortenring stellen. Den Backofen auf 180 °C Ober-/Unterhitze vorheizen. **2.** Die Butter in der Küchenmaschine mit Rührbesen etwa 3 Minuten schaumig rühren. Die Zitronen heiß abspülen, trockentupfen und die Schale abreiben. **3.** Zitronenschale, Zucker und Salz unterrühren. Eier nach und nach dazugeben und unterrühren. Die Mandeln unterrühren. **4.** Mehl und Backpulver mischen und in mehreren Portionen unter die Buttermasse rühren. Den Teig in den Tortenring geben und glattstreichen. **5.** Das Backblech für etwa 2 Stunden in den vorgeheizten Backofen schieben. Nach etwa 50 Minuten den Kuchen mit Backpapier belegen. **6.** Den Kuchen auf einem Kuchenrost auskühlen lassen. Den Tortenring und das Backpapier entfernen. Die gewölbte Oberfläche gerade schneiden. Den Kuchen 7-mal waagerecht durchschneiden. Zitronen auspressen und die Kuchenböden damit beträufeln. **7.** Für die Füllung Puddingpulver und Zucker in einem Topf mischen. Johannisbeernektar unterrühren und unter Rühren zum Kochen bringen. Den Pudding kräftig aufkochen und von der Kochstelle nehmen. **8.** Den heißen Pudding auf die sieben unteren Böden verteilen und glattstreichen. Den Kuchen wieder zusammensetzen. Zwei Tortenringe übereinander um den Kuchen stellen und festziehen. Den Kuchen mindestens 3 Stunden kühl stellen. Die Tortenringe entfernen.

HASELNUSSBISKUIT

BILD 2

Für den Biskuit:

- 200 g gehackte Haselnusskerne
- 12 Eier (Größe L)
- 220 g Zucker
- 1 Prise Salz
- 400 g Weizenmehl

Zum Beträufeln:

- 100 g Zucker
- 100 g Wasser
- 50 ml brauner Rum

Für die Füllung:

- 2 Gläser Sauerkirschen (je 350 g Abtropfgewicht)
- 3 EL Zucker
- ½ TL gemahlener Zimt
- 1 Pck. Dr. Oetker Pudding-Pulver Vanille-Geschmack
- 400 g Nussnougat
- 600 g Marzipan-Rohmasse
- 125 ml (⅛ l) Milch
- 50 ml brauner Rum

1. Den Backofen auf 180 ° Ober-/Unterhitze vorheizen. Die Nüsse auf einem Backblech verteilen und etwa 10 Minuten goldbraun rösten. Abkühlen lassen. **2.** Ein Backblech mit Backpapier auslegen. Einen flexiblen Tortenring (Höhe 10 cm) daraufstellen und ausziehen (Ø 22 cm). Die Backpapierecken am Ring hochziehen und mit Küchenband umlegen. Das Band festknoten. **3.** Eier in der Küchenmaschine mit Schlagbesen etwa 4 Minuten schaumig schlagen. Zucker und Salz nach und nach dazugeben und weitere 2 Minuten schlagen. Mehl und abgekühlte Nüsse in mehreren Portionen unterheben. Den Teig in den Tortenring füllen. **4.** Das Backblech für etwa 60 Minuten in den vorgeheizten Backofen schieben. **5.** Den Kuchen auf einem Kuchenrost auskühlen lassen. Den Tortenring und das Backpapier entfernen. Den Kuchen 7-mal waagerecht durchschneiden. **6.** Zum Beträufeln Zucker und Wasser in einen Topf geben, aufkochen und abkühlen lassen. Rum unterrühren. **7.** Für die Füllung die Sauerkirschen in einem Sieb abtropfen lassen, den Saft auffangen und 500 ml abmessen. **8.** Zucker, Zimt und Puddingpulver in einen Topf geben. Nach und nach den Saft unterrühren und unter Rühren zum Kochen bringen. Sauerkirschen dazugeben, kurz aufkochen und abkühlen lassen. **9.** Nougat im Wasserbad schmelzen. Marzipan-Rohmasse in kleine Würfel schneiden. Marzipanwürfel und Milch in einen hohen Rührbecher geben und pürieren. Rum unterrühren. **10.** Die Biskuitböden mit dem Rumsirup beträufeln. **11.** Den untersten Biskuitboden auf eine Tortenscheibe legen und mit einem Drittel Nougat bestreichen. Den zweiten Boden darauflegen und mit der Hälfte der Marzipanmasse bestreichen. Einen Tortenrand darumstellen. Den dritten Boden auflegen und mit der Hälfte der Sauerkirsch-Masse bestreichen. So weiter schichten, bis die Zutaten aufgebraucht sind. Die letzte Schicht Nougat mit dem achten Tortenboden bedecken. Evtl. einen zweiten Tortenrand um die Torte stellen. Die Torte 3 Stunden kalt stellen. Den Tortenring entfernen.

SCHMUCK

Für 40 Rosen:

- 500 g Rollfondant
- 1 TL CMC-Pulver
- rote Speisefarbpaste
- CMC-Kleber (s. Seite 22)
- rotes Lebensmittel-Farbspray pastell
- rotes Lebensmittel-Farbspray perlmutt

Für 60 Blätter:

- 250 g Rollfondant
- flüssige grüne Speisefarbe und Blattgrün Speisefarbpaste
- rote Zuckerperlen

KLEID

Butter-Icing:

- 1 kg weiche Butter
- 2 kg Puderzucker

WERKZEUGE

- 1 Satz runde Ausstecher
- 1 Satz Modellierknochen
- 1 Modellierunterlage
- Backpapier
- 1 feiner Haarpinsel
- 1 Borstenpinsel
- 1 Palette
- Einwegspritzbeutel
- Sterntülle Ø 4 und 8 mm
- Lochtülle Ø 4 mm
- 1 Blattausstechset

1. CMC-Pulver zum Fondant geben und zusammen geschmeidig kneten. **2.** Speisefarbe dazugeben und unterkneten. **3.** Den Rollfondant 2 mm dünn ausrollen. **4.** Aus einem Streifen Fondant 40 etwa 2 cm lange Knospen formen. Mit einem runden Ausstecher (Ø 4 cm) Platten für die Blütenblätter ausstechen. **5.** Die Platten auf eine Modellierunterlage legen. **6.** Mit einem Modellierknochen auf den Platten von innen nach außen streichen, dabei leicht aufdrücken, so dass gewellte Blütenblätter entstehen. **7.** Den unteren Teil der Blütenblätter mit CMC-Kleber bestreichen. Jeweils die Blattmitte an die Knospe legen und den unteren Teil des Blütenblattes leicht andrücken. Auf diese Weise rundherum Blatt für Blatt anlegen. Für jede Rose etwa 3–5 Blütenblätter verwenden. Die Blütenblätter mit einem Holzspieß korrigieren. **8.** Das untere Ende der Rosen mit einer Schere gerade schneiden. Die Rosen auf Backpapier stellen und mindestens 1 Tag trocknen lassen. **9.** Für das Butter-Icing die 500 g Butter in der Küchenmaschine mit dem Schlagbesen etwa 5 Minuten weiß-schaumig schlagen. 1 kg Puderzucker in mehreren Portionen dazugeben und darunterschlagen. Beide Kuchen dünn mit Butter-Icing bestreichen und 30 Minuten kalt stellen. Die Kuchen auf einer Tortenunterlage aufeinander stellen und mit restlichem Icing einstreichen. Etwa 12 Stunden kalt stellen. **10.** Übrige Zutaten für das Butter-Icing wie beschrieben aufschlagen. 3 Esslöffel zum Ankleben der Rosen und Blätter abnehmen, abdecken und bei Zimmmertemperatur aufbewahren. Die Torte mit der Hälfte des restlichen Icings sauber einstreichen. Die Torte auf einen Tortenteller stellen. Übriges Butter-Icing dritteln. Jeweils ein Drittel Icing für den Tortenrand und die untere Girlande in einen Spritzbeutel mit Sterntülle (Ø 8 mm und 4 mm) füllen. Mit der großen Sterntülle einen breiten Rand an die untere Tortenkante spritzen. Für die untere Girlande die Abstände der einzelnen Bögen ausmessen, markieren und mit der kleinen Sterntülle aufspritzen. Die obere Girlande ebenso ausmessen. Restliches Icing in einen Spritzbeutel mit Lochtülle (Ø 4 mm) füllen und die Girlande aufspritzen. Die untere Girlande mit roten Zuckerperlen garnieren. **11.** Für die grünen Blätter den Rollfondant geschmeidig kneten und mit flüssiger grüner Speisefarbe einfärben. Fondant etwa 1 mm dick ausrollen. Blattgrün Farbpaste mit einem Borstenpinsel auf den Fondant malen. Mit Blattausstechern etwa 60 Blätter ausstechen. Getrocknete Rosen nacheinander erst mit Pastellspray, dann mit Perlmuttspray einsprühen. Trocknen lassen. **12.** Beiseitegestelltes Icing in einen Spritzbeutel mit Lochtülle (Ø 4 mm) füllen. Rosen und Blätter damit an die Torte kleben.

Zitronenkuchen
Haselnuss
Biskuit

1
2
ROT
3
4
5
6
7
8
9
10
11
12

Schwanentorte

Treue für lange Lebensjahre und elegante Zärtlichkeit: Schwan und Schwänin sind das Symbol für Liebesglück, das stilvoll gefeiert wird.

Zeitrahmen:

3–4 Wochen vorher:
Früchtekuchen backen.

3–4 Tage vorher:
Walnusskuchen backen.

3 Tage vorher:
Schwäne und Ringe für die obere Torte herstellen.

2 Tage vorher:
Die Torte zusammensetzen und fertig dekorieren.

Ein weißes Herz vor blauem Wasserhintergrund: Das sieht man oft, wenn ein Schwanenpaar seine langen Hälse zueinander neigt. Außerdem gelten die weißen Herrscher über Teiche und Seen als treu, und beides macht Schwäne zum idealen Herzstück aller guten Zukunftswünsche, die am Hochzeitstag ausgesprochen werden.

Ob die Realität eines Schwanenlebens nicht immer den Wünschen des Hochzeitspaares entspricht? Am Tag der Trauung werden zufällig anwesende Hobby-Ornithologen berichten, wie liebevoll sich Vater Schwan um die Küken kümmert. Oder wie mutig Schwan und Schwänin ihr Revier gegen freche Eindringlinge verteidigen. Seite an Seite natürlich. Und wenn sie sich mit Märchen auskennen, verweisen sie sicher darauf, dass die Braut niemals ein „hässliches Entlein" war, sondern auch vor der Hochzeit einer eleganten Schwänin glich.

Schwäne spielten, aus menschlicher Sicht, im Reich der Vögel schon immer eine Sonderrolle: Bis weit in die Neuzeit hinein gehörten sie den jeweiligen Herrschern, und wenn die ihren Gästen gebratenen Schwan servieren ließen, galt das als besondere Ehre. Und so wurden und werden auch nur die Schwäne im Winter aus zufrierenden Seen in wärmere Gewässer gebracht, und nur sie brauchen sich nie Sorgen um die nächste Mahlzeit zu machen. Die bekommen sie garantiert, entweder von Uferbummlern oder sogar von einem amtlich bestellten „Schwanenvater".

Die herausragende Stellung der Schwäne macht die mit ihnen dekorierte Torte zum Mittelpunkt jeder Hochzeitstafel. Durch ihre weiße Eleganz und durch das Wissen von Brautpaar und Gästen um die Zärtlichkeit, mit der Schwäne sich auch nach Jahren der Partnerschaft umwerben.

Walnuss Sultaninen Aprikosen

WALNUSS-APRIKOSEN-KUCHEN

BILD 1

Für den Rührteig:

- 300 g Walnusskerne
- 1,5 kg getrocknete Aprikosen
- 150 ml Kirschwasser
- 500 g weiche Butter
- 550 g Zucker
- 1 Prise Salz
- 9 Eier (Größe L)
- 1,2 kg Weizenmehl
- 1 Pck. Dr. Oetker Backin

1. Walnusskerne und getrocknete Aprikosen in mehreren Portionen im Blitzhacker grob hacken. In eine große Schüssel füllen und mit Kirschwasser mischen. 2–3 Stunden zugedeckt ziehen lassen. **2.** Ein Backblech mit Backpapier belegen. Einen flexiblen Tortenring (Höhe 10 cm) daraufstellen und ausziehen (Ø 30 cm). Die Backpapierecken am Ring hochziehen und mit Küchenband umlegen. Das Band festknoten. Den Backofen auf 180 °C Ober-/Unterhitze vorheizen. **3.** Butter in der Küchenmaschine mit Rührbesen etwa 4 Minuten schaumig schlagen. Nach und nach Zucker und Salz unterrühren. Eier nacheinander unterrühren. Mehl und Backpulver mischen und in mehreren Portionen unter die Buttermasse rühren. **4.** Den Teig in eine größere Schüssel füllen. Die eingeweichten Früchte mit einem stabilen Teigschaber unterheben. **5.** Den Früchteteig in den Tortenring geben und glattstreichen. Das Backblech für etwa 100 Minuten in den vorgeheizten Backofen schieben. Den Kuchen evtl. nach 30 Minuten mit Backpapier belegen. **6.** Den Kuchen vom Backblech nehmen und auf einem Kuchenrost auskühlen lassen. Tortenring und Backpapier entfernen.

KLASSISCHER FRÜCHTEKUCHEN

BILD 2

Für den Teig:

- 400 g gewürfeltes Orangeat
- 100 g Zitronat
- 250 g Korinthen
- 250 g Sultaninen
- 200 g getrocknete Aprikosen
- 100 g rote Belegkirschen
- 150 ml brauner Rum
- 500 g Butter
- 1 TL gem. Zimt

1. Trockenfrüchte in eine große Schüssel füllen und mit Rum mischen. Zugedeckt etwa 2 Stunden ziehen lassen. **2.** Butter in einen Topf geben und zum Kochen bringen. Den Schaum abschöpfen. Die Butter leicht bräunen und auf Zimmertemperatur abkühlen lassen. **3.** Ein Backblech mit Backpapier belegen. Einen flexiblen Tortenring (Höhe 10 cm) daraufstellen und ausziehen (Ø 20 cm). Die Backpapierecken am Ring hochziehen und mit Küchenband umlegen. Das Band festknoten. Einen doppelten Streifen Backpapier (Höhe 16 cm) in den Tortenring stellen. Den Backofen auf 180 °C Ober-/Unterhitze vorheizen. **4.** Die abgekühlte Butter in der Küchenmaschine mit Rührbesen etwa 8 Minuten weiß-schaumig schlagen. Gewürze unterrühren. Sirup, braunen Zucker und Salz unterrühren. Eier nacheinander unterrühren. **5.** Mehl und Backpulver mischen und in mehreren Portionen unter den Teig rühren. Den Teig in eine größere Schüssel füllen. Die Trockenfrüchte mit einem stabilen Teigschaber unterheben. Den Teig in den Tortenring geben und glattstreichen. **6.** Die Backofentemperatur auf 160 °C reduzieren. Das Backblech für etwa

1 TL	gem. Gewürznelken
1 TL	ger. Muskatnuss
1 TL	gem. Kardamom
50 g	dunkler Zuckerrübensirup
600 g	brauner Zucker
1 Prise	Salz
4	Eier (Größe L)
1 kg	Weizenmehl
1 Pck.	Dr. Oetker Backin

4 Stunden in den vorgeheizten Backofen schieben. Den Kuchen evtl. nach 30 Minuten mit Backpapier belegen. **7.** Den Kuchen vom Backblech nehmen und auf einem Kuchenrost auskühlen lassen. Tortenring und Backpapier entfernen.

Tipp: Diese Hochzeitstorte ist ideal, wenn der Kühlschrank belegt ist. Die Torte kann 1 Woche im Voraus zubereitet werden und in einem kühlen Raum, auch außerhalb des Kühlschranks aufbewahrt werden.

SCHMUCK

Für die Ringe:

- 200 g Rollfondant
- ½ TL CMC-Pulver
- Puderzucker
- 4 Blätter Transfer-Blattgold

Für die stehenden Schwäne:

- 200 g Rollfondant
- CMC-Kleber (Seite 22)

Für die Schwäne und Ranken an den Seiten:

- 500 g Rollfondant
- CMC-Kleber (Seite 22)
- 300 g Icingmasse
- goldfarbene Zuckerperlen

KLEID

Zum Einkleiden der Kuchen:

- 450 g Aprikosenkonfitüre
- 100 g Zucker
- 50 ml Wasser
- 2,4 kg Rollfondant
- Puderzucker

WERKZEUGE

- 2 runde Ausstechformen (Ø 8 und 6 cm)
- 1 weicher Pinsel
- Blütenreliefstab
- 1 große Nähnadel
- Einwegspritzbeutel mit feiner Lochtülle Nr. 3

1. Für die Ringe Rollfondant mit CMC-Pulver verkneten. Den Fondant mit Puderzucker bestäubt etwa 1 cm dick ausrollen. Mit zwei runden Ausstechern (Ø 8 cm und 6 cm) 2 gleichgroße Ringe ausstechen. **2.** Einen Ring aufschneiden und in den zweiten Ring schieben, so dass sich die Ringe leicht überschneiden. Die Schnittkanten mit CMC-Kleber bestreichen und zusammendrücken. In die untere Mitte jedes Fondantrings einen Holzspieß stecken. Die Ringe etwa 3 Tage liegend trocknen lassen. **3.** Den Rollfondant für die beiden stehenden Schwäne geschmeidig kneten und portionsweise in die Reliefform drücken. Überstehenden Fondant abschneiden. Dabei das Messer sehr flach halten, um nicht in die Form zu schneiden. Die Halbformen auf eine Arbeitsfläche legen. Die Schnittflächen von 2 Schwanenhälften mit CMC-Kleber bestreichen, mit den nicht bestrichenen Hälften zusammensetzen. **4.** Mehrere Teelöffel umgedreht auf die Arbeitsfläche legen. Schwanenköpfe auf die Löffel, Schwanzfedern auf den Löffelstielen ablegen. Schwäne etwa 3 Tage trocknen lassen. **5.** Die getrockneten Ringe sehr dünn mit CMC-Kleber bestreichen. Etwa 30 Minuten antrocknen lassen. Blattgold mit einem weichen Pinsel auflegen. **6.** Die Oberflächen der Kuchen glattschneiden, die Kuchen umdrehen. Aprikosenkonfitüre mit Zucker und Wasser 2–3 Minuten offen kochen lassen. Beide Kuchen damit einstreichen. Für den Walnuss-Aprikosen-Kuchen 1 kg Rollfondant geschmeidig kneten, etwa zwei Drittel davon zu einer Rolle formen. Die Rolle zu einem Streifen (95 x 11 cm) ausrollen. Die Kanten gerade schneiden. Den Streifen mit Puderzucker bestäuben, aufrollen, am Tortenrand abrollen und andrücken. Überstehenden Fondant mit einer Schere abschneiden. Restlichen Fondant zu einem Tortendeckel (Ø 30 cm) ausrollen, auflegen, überstehenden Fondant sauber abschneiden. Oberfläche mit dem Glättespachtel glattstreichen. Für den Früchtekuchen 800 g Fondant geschmeidig kneten und zwei Drittel davon zu einer Rolle formen. Die Rolle zu einem Streifen (63 x 12 cm) ausrollen, die Kanten gerade schneiden. Den Streifen wie beschrieben an den Tortenrand drücken. Übrigen Fondant zu einem Deckel (Ø 20 cm) ausrollen und auflegen. Torte glätten. Den größeren Kuchen auf einen Tortenteller legen, den kleinen darauflegen. **7.** Für die Bänder 600 g Fondant geschmeidig kneten. Daraus 4 Rollen formen (2 je 60 cm Länge und 2 je 90 cm Länge). Die Rollen flachdrücken, zu Streifen ausrollen und mit dem Blütenreliefstab eindrücken. Die langen Streifen 3 cm breit und die kurzen Streifen 2 cm breit zuschneiden. **8.** Die Tortenränder jeweils unten und oben, in der Breite der Bänder, mit CMC Kleber einstreichen. Die Tortenbänder mit etwas Puderzucker bestäuben und aufrollen. Die Bänder an den entsprechenden Tortenrändern abrollen und andrücken. Überstehenden Fondant abschneiden. **9.** Ein Rankenmuster auf Papier zeichnen und ausschneiden. Das Muster auf den Rand der unteren Torte, zwischen die aufgeklebten Tortenbänder legen und mit einer Nadel als fortlaufendes Muster übertragen. **10.** Icingmasse mit Wasser anrühren und in eine Spritztüte füllen. Das Rankenmuster damit aufspritzen. **11.** Pünktchenreihen an die Tortenränder spritzen. Zuckerperlen in die feuchte Icingmasse kleben. **12.** Für die 8 Schwäne am Rand der oberen Torte den Fondant geschmeidig kneten. Für jeden Schwan etwas Fondant in die Reliefform drücken, überstehenden Fondant mit einem Messer flach abschneiden. Die Schwäne mit Icingmasse an den oberen Tortenrand zwischen die Tortenbänder kleben. Die getrockneten Schwäne mit etwas Icingmasse auf die Torte kleben. Die getrockneten Ringe mit den Holzstäbchen in die obere Torte stecken.

1
2
3
4
5
6
7
8
9
10
11
12

Namenstörtchen

Statt Namensschild oder Platzkarte
eine bunte Überraschung.
Auch zum Mitnehmen: Die saftigen Minitörtchen
bleiben tagelang frisch.
(Aber bitte vorsichtig transportieren!)

Zeitrahmen:

1 Woche vorher:
Namensornamente aufspritzen.
Zuckerblüten zubereiten und trocknen lassen.

2 Tage vorher:
Dattel-Nuss-Kuchen und Orangen-Kokos-Kuchen backen.

1 Tag vorher:
Die Kuchen schneiden und dekorieren.

Vor Ort:
Die Namensschilder in die Törtchen stecken.

Die richtige Tischordnung auszutüfteln, wer neben wem sitzen darf, kann oder soll, ist nicht immer einfach, aber selbst wenn sie nicht perfekt gelingt – Bemerkungen über die originellen Namenstörtchen machen auch Schüchternen oder Leuten, die sich nicht unbedingt grün sind, den Gesprächsanfang leicht. Und der Austausch einer Zuckerblüte als Vorspeise statt zum Dessert fördert die Freundschaft.

Der Trend zu kleinformatigen Törtchen, die als Dessert gegessen oder als Gastgeschenk mitgenommen werden können, kommt aus den USA. Selbst dort, wo Superreiche seit rund 100 Jahren Hochzeitstorten zu immer größeren Höhen auftürmten, ist heute Nachhaltigkeit angesagt.

Das heißt: Riesentorten, von denen die Hälfte übrig bleibt – weil sie zu groß für die Zahl der Eingeladenen wurden oder weil heute zu viele Menschen Angst vor zu vielen Kalorien haben – sind nicht mehr angesagt. Was auf den Tisch kommt, soll auch aufgegessen werden. Und wenn selbst das leichte Namenstörtchen „too much" ist, kann der Gast den schmackhaften Rest gern mit nach Hause nehmen.

Die überraschende Kombination aus Marzipan plus Kokos, aus Schoko-Nuss-Dattel mit Orangeat – so fein verteilt, dass auch Sukkade-Verächter schwach werden – ist einfach zu schade zum Stehenlassen. Und die Dekoration aus Vergissmeinnicht, Röschen und gelben Fantasieblüten? Sie schmeckt Stück für Stück und bleibt als Erinnerung an einen schönen Tag.

Maria

ORANGEN-KOKOS-KUCHEN

BILD 1

Für den Rührteig:

150 g	gehacktes Orangeat
500 g	getrocknete Aprikosen
200 g	Kokosraspel
300 g	Speisestärke
300 g	Marzipan-Rohmasse
450 g	weiche Butter
240 g	Zucker
1 Prise	Salz
12	Eier (Größe L)
3	Bio-Orangen (unbehandelt, ungewachst)

1. Eine großes Backblech oder eine Metallplatte mit Backpapier belegen. Einen flexiblen Backrahmen daraufstellen und ausziehen (32 x 40 cm). Die Backpapierecken am Rahmen hochziehen und mit Küchenband umlegen. Das Band festknoten. Den Backofen auf 180 °C Ober-/Unterhitze vorheizen. **2.** Orangeat und getrocknete Aprikosen in mehreren Portionen im Blitzhacker sehr fein hacken. In eine große Schüssel füllen. Kokosraspel und Speisestärke dazugeben und untermischen. **3.** Marzipan-Rohmasse in kleine Stücke schneiden. Marzipanstücke und Butter in der Küchenmaschine mit dem Rührbesen etwa 2 Minuten schaumig rühren. Zucker und Salz unterrühren. Eier nach und nach unterrühren. Orangen heiß abspülen und trocken tupfen. Orangenschale abreiben und unterrühren. **4.** Die Buttermischung zu den trockenen Zutaten geben und mit einem stabilen Teigschaber unterrühren. Den Teig in den Backrahmen geben und glattstreichen. Das Backblech oder die Metallplatte für etwa 60 Minuten in den vorgeheizten Backofen schieben. Den Kuchen evtl. nach 30 Minuten Backzeit mit Backpapier belegen. **5.** Den Kuchen auf einem Kuchenrost auskühlen lassen. **6.** Die Orangen auspressen. Den Kuchen mit dem Orangensaft beträufeln. **7.** Backrahmen und Backpapier entfernen. Den Kuchen vor dem Garnieren in große Quadrate (8 x 8 cm) schneiden.

Tipp: Die Metallplatte oder das große Backblech vor dem Gebrauch in den Backofen schieben, um zu probieren, ob sie hineinpasst.

Orangen Kokos Nuss

DATTEL-NUSS-KUCHEN

BILD 2

Für den Rührteig:

600 g	Haselnusskerne
300 g	Weizenmehl
3 gestr. TL	Dr. Oetker Backin
300 g	Zartbitter-Kuvertüre
500 g	weiche Butter
350 g	brauner Zucker
1 Prise	Salz
8	Eier (Größe L)
500 g	entsteinte Datteln

1. Den Backofen auf 180 °C Ober-/Unterhitze vorheizen. Haselnüsse auf einem Backblech verteilen. Das Backblech für etwa 15 Minuten in den vorgeheizten Backofen schieben. Geröstete Nusskerne etwas abkühlen lassen und portionsweise auf ein Geschirrtuch geben. Das Geschirrtuch über den Kernen zusammendrehen. Die Nuss-Häutchen damit abreiben. Die Nusskerne in mehreren Portionen im Blitzhacker fein hacken. **2.** Ein Backblech mit Backpapier auslegen. Einen flexiblen Backrahmen daraufstellen und ausziehen (20 x 25 cm). Die Backpapierecken am Rahmen hochziehen und mit Küchenband umlegen. Das Band festknoten. **3.** Gehackte Nüsse, Mehl und Backpulver in einer großen Schüssel verrühren. Die Kuvertüre hacken und über dem Wasserbad schmelzen. Etwas abkühlen lassen. **4.** Butter, geschmolzene Kuvertüre, braunen Zucker und Salz in der Küchenmaschine mit dem Rührbesen schaumig rühren. Eier nach und nach unterrühren. **5.** Die Buttermasse auf die Nussmischung geben und mit einem stabilen Pfannenwender unterrühren. Die Datteln grob hacken und unterheben. Den Teig in den Backrahmen geben und glattstreichen. **6.** Das Backblech für etwa 80 Minuten in den vorgeheizten Backofen schieben. **7.** Den Kuchen auf einem Kuchenrost auskühlen lassen. Backrahmen und Backpapier entfernen. Den Kuchen vor dem Garnieren in Quadrate (5 x 5 cm) schneiden.

Zuckerperlen Blüten

SCHMUCK

Für die Blüten:

1,2 kg	Icingpulver
130 ml	Wasser
	goldfarbene Zuckerperlen

KLEID

Zum Bestreichen und Einkleiden:

900 g	Aprikosenkonfitüre
100 g	Zucker
100 ml	Wasser
1,5 kg	Rollfondant

WERKZEUGE

	Einwegspritzbeutel
	feine Sterntülle Nr. 2
	feine Lochtülle Nr. 3
	rote, blaue, grüne und gelbe Speisefarben
	Blütentüllen Nr. 69, 96, 102, 129 und 140
	Lochtüllen Nr. 1 und 3
	Teigrolle evtl. Silikonmatte
	Blüten-Prägerolle
20	Kuchenteller (Ø 15 cm)

1. Aus Backpapier 20 Quadrate (etwa 12 x 12 cm) schneiden. Das Icingpulver mit Wasser zu einem festen Spritzguss verrühren. Für die Kanten 6 Esslöffel davon in einen Spritzbeutel mit kleiner Sterntülle Nr. 2 füllen, Tülle in ein feuchtes Tuch wickeln, den Beutel beiseitelegen. 4 Esslöffel von der restlichen Icingmasse in einen Spritzbeutel mit feiner Lochtülle Nr. 3 füllen. Übriges Icing mit einem feuchten Tuch abdecken. Einen Kreis (Ø 6 cm) auf ein Stück Papier zeichnen. Für jedes Namensschild ein Quadrat aus Backpapier mit einigen Icingpunkten daraufkleben. Einen Namen in den durchscheinenden Kreis spritzen. **2.** Einen Icing-Rahmen mit Spitze auf den Kreis spritzen und mit Icingpunkten verzieren. Zuckerperlen auf den Rahmen kleben. Auf diese Weise 20 Schilder herstellen. **3.** Übriges Icing in 5 Schälchen verteilen und rosa, blau, grün, gelb und orange einfärben. Icing in Einwegspritzbeutel mit verschiedenen Tüllen füllen. Für grünes Icing Tülle Nr. 69 (Blätter), für rosafarbenes Icing Tülle Nr. 103 (Rosen), für blaues Icing Tülle Nr. 129 (Veilchen), für gelbes Icing Tülle Nr. 140 (Streublümchen) und für orangefarbenes Icing Tülle Nr. 96 (kleine Blüten) verwenden. **4.** Für die Rosen kleine Quadrate aus Backpapier (etwa 1 cm größer als der Rosenteller) ausschneiden. Für jede Rose ein Quadrat mit einem Klecks Icingmasse auf den Rosenteller kleben. Als Blütenmitte einen Tupfen weißer Icingmasse auf das Papier spritzen. **5.** Aus rosafarbenem Icing Blütenblätter um den Tupfen herum aufspritzen, dabei den Rosenteller drehen, so dass eine Blüte entsteht. **6.** Aus blauem Icing Veilchenblüten auf ein großes Stück Backpapier spritzen, dabei den Spritzbeutel leicht drehen. **7.** Orangefarbene und gelbe Blüten auf Backpapier spritzen. Aus weißem Icing jeweils einen Tupfen in die Blütenmitte setzen. **8.** Restliche gelbe Icingmasse in einen Spritzbeutel mit kleiner Lochtülle Nr. 1 geben und die Blütenstempel auf die Veilchen spritzen. **9.** Aus grüner Icingmasse Blätter auf Backpapier spritzen. Alle Blüten und Blätter mindestens 1 Tag trocknen lassen. **10.** Aprikosenkonfitüre pürieren und mit Zucker und Wasser 1 Minute kochen lassen. Etwas abkühlen lassen. Die Seiten der Kuchenwürfel in die Konfitüre tauchen. Mit einem Pinsel die Oberfläche bestreichen. Die Kuchen auf Kuchenteller stellen. **11.** Fondant geschmeidig kneten und mit grüner Speisefarbe einfärben. Die Arbeitsfläche mit Puderzucker bestäuben. Den Fondant etwa 0,5 cm dick ausrollen und prägen. Für die Orangentörtchen 20 Streifen je 4 x 32 cm, für die Nusstörtchen 20 Streifen je 7 x 20 cm ausschneiden. Die Streifen um die Kuchen legen. Aus dem restlichen Fondant je 20 Quadrate von 8 x 8 cm und 5 x 5 cm ausschneiden und auf die Kuchen legen. **12.** Die Kuchenquadrate und -würfel aufeinanderstellen. Beiseitegestelltes Icing auf die Kanten spritzen. Blüten in das feuchte Icing setzen. Vor dem Servieren die oberen Törtchen mit einem Messer einschneiden und die Namensschilder vorsichtig hineindrücken.

Petersilientorte

Herzhaftes zur Petersilienhochzeit. Nach zwölfeinhalb Jahren Ehe von Freunden als Überraschungsgeschenk mitgebracht. Für ein immer noch trautes Paar.

Zeitrahmen:

1 Tag vorher:
Die Frischkäsecremes zubereiten.

½ Tag vorher:
Die Brote mit den Cremes und den übrigen Zutaten aufschichten. Das Korbmuster aufspritzen.

Vor dem Servieren:
Rettichblüten herstellen. Torte mit Lachsrosen, Rettichblüten und mit Petersilienblättern dekorieren.

Das vielseitige Kraut wird heute meist nur noch als vitaminhaltiger Suppen- und Salatzusatz verwendet, aber früher hatte es einen ganz anderen, sehr viel liebenswürdigeren Ruf: Petersilie ehrte, zum Kranz gebunden, die Sieger der frühen Olympiaden mehr als der heute noch sprichwörtliche Lorbeer. Aber nicht nur das:

Die Zauberin Circe machte sich für Odysseus und seine Gefährten unwiderstehlich, indem sie die müden Sieger des trojanischen Krieges auf einem Teppich aus Petersilie empfing. Athenische Krieger durften vor dem Kampf keine Petersilie essen, weil sie sonst, so glaubte man in der Antike, nach Frauen statt nach dem Feind Ausschau hielten. Und bis weit ins Mittelalter hinein ließen Männer sich das Kraut als Auftakt zu einem Liebesmahl mit der Angebeteten servieren.

Eine „Petersilienhochzeit“, zu der Freunde zwölfeinhalb Jahre nach der Trauung eine Petersilientorte als Überraschungsgeschenk mitbringen, hat also Aufforderungs-Charakter. Besonders weil reichlich Alkohol ins Spiel kommt, denn damit muss das „Brautpaar“ sich freikaufen, wenn es selbst keine Petersilie mehr im Haus hat.

Wer diese Art der Symbolik nicht mag, darf sich die aus pikanten Fisch-Sandwiches aufgebaute Torte trotzdem schmecken lassen, denn Petersilie wurde früher nicht nur als „Treibstoff der Triebe“ (so ihr Zweitname in alten Medizinbüchern) verwendet, sondern auch um glückliche Paare vor Eifersuchts-Dämonen und teuflischen Versuchern zu schützen. Mindestens bis zur silbernen Hochzeit oder sogar bis zur goldenen nach 50 Jahren.

1

ROTE-BETE-MEERRETTICH-CREME

300 g	gegarte Rote Bete (aus dem Vakuumpack)
400 g	Doppelrahm-Frischkäse
100 g	geriebener Meerrettich (aus dem Glas)
	Salz
	frisch gemahlener Pfeffer

1. Rote Bete abtropfen lassen, in grobe Stücke schneiden und in einen Mixbecher geben. Mit einem Pürierstab zerkleinern. Das Püree in einem feinmaschigen Sieb etwa 30 Minuten abtropfen lassen. **2.** Frischkäse geschmeidig rühren. Püree und Meerrettich unterrühren. Mit Salz und Pfeffer abschmecken. Zugedeckt kalt stellen.

ROTE UND GELBE PAPRIKACREME

600 g	rote Paprikaschoten
600 g	gelbe Paprikaschoten
4 EL	Speiseöl
600 g	Doppelrahm-Frischkäse
	Salz
	Zucker
3 Gläser	grüne Oliven ohne Stein (je 60 g Abtropfgewicht)
	frisch gemahlener Pfeffer

1. Paprika mit einem Sparschäler schälen, vierteln, Kerne und weiße Scheidewände entfernen. Viertel in Stücke schneiden. **2.** Rote und gelbe Paprikastücke in zwei Töpfen in jeweils 2 Esslöffeln Öl etwa 7 Minuten zugedeckt bei schwacher Hitze dünsten. **3.** Paprika nach Farben getrennt pürieren und in zwei feinmaschigen Sieben abtropfen lassen. Pürees mit Salz und Pfeffer würzen und abkühlen lassen. **4.** Für die rote Paprikacreme 300 g Frischkäse geschmeidig rühren. Das rote Püree unterrühren und mit Salz und Zucker abschmecken. **5.** Für die gelbe Creme die Oliven abtropfen lassen und fein hacken. Restlichen Frischkäse geschmeidig rühren. Oliven und das gelbe Püree unterrühren. Mit Salz, Pfeffer und Zucker abschmecken. Beide Cremes zugedeckt kalt stellen.

EIER-KAPERN-CREME

8	Eier (Größe L)
2 Gläser	Kapern (je 60 g Abtropfgewicht)
4	Gewürzgurken (aus dem Glas, 120 g Abtropfgewicht)
3 Stängel	Dill
300 g	Doppelrahm-Frischkäse
3 EL	mittelscharfer Senf
	Salz
	frisch gemahlener Pfeffer

1. Die Eier in kochendes Wasser geben und 12 Minuten kochen. Mit kaltem Wasser abschrecken und abkühlen lassen. **2.** Kapern und Gewürzgurken abtropfen lassen und grob hacken. Dill abspülen, trockentupfen, die kleinen Zweige abzupfen und hacken. Die Eier pellen. Das Eigelb herauslösen und durch ein Sieb streichen. Das Eiweiß fein schneiden. **3.** Frischkäse und Senf geschmeidig rühren. Eigelb unterrühren. Kapern, Gurken, Eiweiß und Dill unterrühren. Die Creme mit Salz und Pfeffer abschmecken. Zugedeckt kalt stellen.

Rote Bete
Paprika
Kapern

BILD 1 UND 2

Weitere Zutaten:

- 12 Sardellenfilets (in Öl eingelegt)
- 1 Sonnenblumenbrot in Kastenform (etwa 1 kg)
- 8 Scheiben Pumpernickel (etwa 500 g)
- 6 Scheiben Roggenvollkornbrot (a. d. Kastenform, etwa 300 g)
- 6 geräucherte Forellenfilets
- 9 Scheiben Sandwich-Toastbrot (350 g)
- 250 g Stremellachs

1. Sardellenfilets auf Küchenpapier abtropfen lassen. Vom Sonnenblumenkernbrot die harte Kruste an der Ober- und Unterseite und den beiden Enden dünn abschneiden. Das Brot auf die Seite legen und der Länge nach in 6 Scheiben schneiden. Jeweils 2 Scheiben nebeneinander legen und zu einem Quadrat (20 x 20 cm) schneiden. **2.** Ein Brot-Quadrat auf eine Alu-Tortenscheibe legen. Ein Drittel der Eier-Kapern-Creme darauf streichen und mit 6 Sardellenfilets belegen. Nacheinander 1 Brot-Quadrat, das zweite Drittel Eier-Kapern-Creme, restliche Sardellenfilets, das 3. Brotquadrat und die restliche Eier-Kapern-Creme darauf schichten. **3.** Jeweils 4 Scheiben Pumpernickel nebeneinander legen und zu einem Quadrat (20 x 20 cm) schneiden. 1 Pumpernickel-Quadrat auf die Eier-Kapern-Creme legen. Die rote Paprikacreme daraufstreichen und mit restlichem Pumpernickel bedecken. Kalt stellen. **4.** Jeweils 2 Scheiben Roggenvollkornbrot nebeneinander legen und zu einem Quadrat (20 x 20 cm) schneiden. 1 Brot-Quadrat auf eine Alu-Tortenscheibe legen und mit einem Drittel der Rote-Bete-Creme bestreichen. 3 Forellenfilets darauflegen. **5.** Nacheinander 1 Brot-Quadrat, ein Drittel Rote-Bete-Creme, 3 Forellenfilets, das letzte Brot-Quadrat und die übrige Rote–Bete-Creme darauf schichten. **6.** Das Sandwich-Toastbrot entrinden. Jeweils 2 ganze und 2 halbe Scheiben zu einem Quadrat nebeneinanderlegen. Vom Stremellachs die Haut abziehen. Den Lachs in Stücke zupfen. **7.** Ein Toast-Quadrat auf die Rote–Bete-Creme legen und mit einem Drittel gelber Paprikacreme bestreichen, ein Drittel der Lachsstücke daraufgeben. Nacheinander eine Lage Toast, Paprikacreme, Lachsstücke, Toast, Paprikacreme, Lachsstücke und Toast darauf schichten. Die Petersilientorte etwa 3 Stunden kühl stellen.

KLEID

Petersiliencreme:

300 g	Petersilienwurzel
50 ml	Wasser
1 Prise	Salz
1 Prise	Zucker
1 großes Bund	Petersilie (100 g)
400 g	Doppelrahm-Frischkäse
	frisch gemahlener Pfeffer

Meerrettichcreme:

1 kg	Doppelrahm-Frischkäse
200 g	Vollmilchjoghurt (3,5 % Fett)
100 g	geriebener Meerrettich (aus dem Glas)
	Salz
	frisch gemahlener Pfeffer

SCHMUCK

20	Räucherlachsscheiben (etwa 500 g)
1	Rettich (700 g)
1 großes Bund	krause Petersilie

WERKZEUGE

2	Einwegspritzbeutel
1	Lochtülle Ø 10 mm
1	Lochtülle Ø 9 mm
1	Palette
4 Streifen	Butterbrot- oder Backpapier
1	Gemüsehobel (Aufschnittmaschine)

1. Die Petersilienwurzel schälen und in Scheiben schneiden. Mit Wasser in einen Topf geben. Salz und Zucker zufügen. Im geschlossenen Topf etwa 8 Minuten weich dünsten. Abkühlen lassen. Petersilie abspülen und trockentupfen. Die Blätter fein schneiden und zusammen mit den Wurzelscheiben pürieren. Frischkäse unterrühren. Die Creme mit Salz und Pfeffer würzen und in einen Spritzbeutel mit Lochtülle (Ø 10 mm) füllen. Frischkäse, Joghurt und Meerrettich verrühren. Mit Salz und Pfeffer abschmecken und in einen Spritzbeutel mit Lochtülle (Ø 9 mm) füllen. **2.** Zwei Esslöffel Meerrettichcreme auf die untere Sandwichtorte streichen. Die Sandwichtorten aufeinander stellen. Die Kanten evtl. mit einem Elektromesser gerade schneiden. Die Torte mit einer Palette auf eine Servierplatte schieben. Butterbrot- oder Backpapier unter die Tortenkanten schieben. **3.** Mit der Petersiliencreme an einer Tortenecke von unten nach oben eine Linie ziehen. **4.** Mit der Meerrettichcreme über die Ecke, unten beginnend, von links nach rechts, waagerecht drei dünne Linien an die Torte spritzen. Darüber eine Lücke für 3 gedachte Linien lassen. Dann wieder drei waagerechte Linien aufspritzen. Die Linien sollten alle gleich lang (3–4 cm) sein. **5.** Mit der Petersiliencreme an der rechten Seite, direkt am Ende der waagerechten Linien, wieder von unten nach oben eine Linie aufspritzen. **6.** Wieder waagerechte Linienbündel darüber spritzen. So fortfahren, bis das Korbmuster die Torte bedeckt. Übrige Creme auf die Oberfläche spritzen und glattstreichen. **7.** Lachsscheiben auf ein Brett legen und zur Hälfte zusammenklappen. Lachsscheiben zu Blüten aufwickeln. **8.** Rettich schälen. Mit einem scharfen Gemüsehobel in lange Scheiben schneiden. Die Scheiben dünn mit Salz bestreuen und 10 Minuten ruhen lassen. **9.** Rettichscheiben mit Küchenpapier abtupfen. Die Scheiben auf einem Brett der Länge nach zur Hälfte zusammenklappen. Mit einem Messer dünne Streifen in den Rettich schneiden. Dabei den Rettich an der offenen Längsseite nicht durchschneiden. **10.** Die Rettichscheiben zu Blüten aufrollen. **11.** Lachsrosen und Rettichblüten auf der Tortenoberfläche verteilen. **12.** Die Petersilie abspülen, trocken tupfen und in kleine Zweige zupfen. Torte mit Petersilie garnieren. Das Papier entfernen.

1
2
3
4
5
6
7
8
9
10
11
12

ORANGEN-MÜRBETEIG, NOUGATKUCHEN, BIRNEN-PORTWEIN-KUCHEN, BEEREN-SAHNETORTE · FÜR 60–70 PERSONEN

Silberne Hochzeitstorte

Von himmelhoch jauchzend zur Harmonie:
Die Torte zum 25. Ehejubiläum lockt mit sanft-silbernen Rosen
als Zeichen für ein glückliches, gemeinsames Älterwerden.

Mit der „papierenen" Hochzeit, ein Jahr nach der Heirat, fangen die Ehejubiläen an. Die „diamantene" nach sechzig Jahren feiern nicht nur Herrscher wie Queen Elizabeth II. und ihr Prinzgemahl Philipp im großen Stil. Heute wird aber schon das Fest der „Silbernen Hochzeit" als Rekord bewundert und entsprechend gestaltet. Mit einem Fest, dass an die grüne Hochzeit erinnert und die dabei leicht aufkommende Nostalgie in Fröhlichkeit verwandelt. Zum Beispiel durch eine Torte, die noch schöner ist als jene, mit der „einst im Mai" das Hochzeitsessen beendet wurde. Denn vor 25 Jahren gab es mehrstöckige Torten allenfalls auf Hochzeiten der von Amerika inspirierten Prominenz.

Die US-Vorbilder, so hoch und massig, dass für ihren Anschnitt ein Schwert gebraucht wird, haben sich in Europa nie durchgesetzt. Statt ein Dutzend unterschiedlich schmeckender „Stockwerke" aufeinander zu türmen, begnügt man sich hier – zumindest heute und unter Menschen, die mehr Wert auf Fröhlichkeit als Protz legen – auf drei, maximal vier Etagen. Auch weil sich die Aromen der Einzel-Etagen dann harmonischer miteinander kombinieren lassen.

Bei der Torte zur Silbernen Hochzeit verbindet sich Herbstliches wie Walnüsse und Cranberries im Fundament und dem zweiten Stockwerk, in dem Birnen mit Portwein und Gewürzen den Ton angeben, perfekt mit dem Geschmack der obersten Tortenetage, das vom Aroma der beliebtesten Sommerfrüchte dominiert wird. Gemeinsam verwandeln sie sich in ein Gesamtkunstwerk – mit einem Hauch von Spätsommer.

Zeitrahmen:

1 Woche vorher:
Marzipanrosen modellieren.

4 Tage vorher:
Die Birnen für den Birnen-Portwein-Kuchen garen, im Sud kalt stellen. Nougatkuchen backen.

3 Tage vorher:
Orangen-Mürbeteig und Birnen-Portwein-Kuchen backen.

2 Tage vorher:
Biskuitplatten backen.

1 Tag vorher:
Die Torten schichten und mit Buttercreme einstreichen. Die Isomalt-Ornamente gießen und bis zum Gebrauch im Zuckerbett aufbewahren.

½ Tag vorher:
Ornamente vorsichtig an den Tortenseiten andrücken, Perlen und Rosen anbringen.

Kurz vorher:
Die „25" in den Kuchen stecken.

25

1

2

ORANGEN-MÜRBETEIG

BILD 1

Für den Mürbeteig:

2 Bio-Orangen (unbehandelt, ungewachst)
600 g Weizenmehl
200 g Zucker
1 Prise Salz
3 Eigelb (Größe L)
400 g Butter

Zum Bestreichen:

100 g Aprikosenkonfitüre

1. Den Backofen auf 180 °C Ober-/Unterhitze vorheizen. **2.** Die Orangen heiß abspülen, trockentupfen, die Schale dünn abreiben. Die Teigzutaten mit der Orangenschale in der Küchenmaschine mit Knethaken zu einem glatten Teig verarbeiten. Den Teig mit Mehl bestäuben und auf Backpapier zu einem Quadrat (30 x 30 cm) ausrollen. Den Teig mit dem Papier auf ein Backblech (30 x 40 cm) ziehen und mit einer Gabel mehrfach einstechen. Einen Backrahmen um den Teig stellen. Küchenband um den Rahmen legen. Das Band festknoten. Das Backblech für etwa 40 Minuten in den vorgeheizten Backofen schieben. **3.** Mürbeteig auf einem Kuchenrost auskühlen lassen. Auf eine Tortenunterlage stellen. **4.** Die Konfitüre aufkochen, auf den Mürbeteig streichen. Den Nougatkuchen daraufsetzen.

NOUGATKUCHEN

BILD 2

Für den Rührteig:

200 g Walnusskerne
250 g getrocknete Cranberries
150 ml brauner Rum
150 g Zartbitter-Kuvertüre
700 g weiche Butter
400 g Zucker
1 Prise Salz
10 Eier (Größe L)
1 kg Weizenmehl
1 Pck. Dr. Oetker Backin
400 g Nougat
200 g Marzipan-Rohmasse

1. Ein Backblech (30 x 40 cm) mit Backpapier belegen. Einen Backrahmen darauflegen und ausziehen (30 x 30 cm). Backrahmen mit Küchenband umlegen. Das Band festknoten. Den Backofen auf 170 °C Ober-/Unterhitze vorheizen. **2.** Walnusskerne grob hacken und in eine Schüssel füllen. Cranberries dazugeben und mit Rum beträufeln. Kuvertüre fein hacken. **3.** Butter, Zucker und Salz in der Küchenmaschine mit Rührbesen etwa 4 Minuten schaumig schlagen. Eier nach und nach unterrühren. **4.** Mehl und Backpulver mischen und in mehreren Portionen unter den Teig rühren. Nougat und Marzipan-Rohmasse in Würfel schneiden und unter den Teig heben. Gehackte Kuvertüre, eingeweichte Walnüsse und Cranberries unter den Teig heben. Den Teig in den Backrahmen geben und glattstreichen. Das Backblech für etwa 90 Minuten in den vorgeheizten Backofen schieben. **5.** Nach etwa 30 Minuten den Kuchen mit Backpapier belegen. Den Kuchen auskühlen lassen. Backrahmen und Backpapier entfernen. Kuchen auf den Orangen-Mürbeteig setzen.

BIRNEN-PORTWEIN-KUCHEN

BILD 3

Für den Teig:

1 Vanilleschote
0,5 l roter Portwein, z. B. Tawny
3 Sternanis
1 Zimtstange
1,2 kg feste Birnen
200 g gehobelte Mandeln
500 g weiche Butter
2 TL gem. Zimt
1 Prise Salz
350 g brauner Zucker
12 Eier (Größe L)
700 g Weizenmehl
3 gestr. TL Dr. Oetker Backin

Zum Bestreichen:

100 g Aprikosenkonfitüre

1. Vanilleschote der Länge nach aufschneiden, Mark herauskratzen. Schote und Mark mit Portwein, Sternanis und Zimtstange in einem Topf erhitzen. Bei schwacher Hitze zugedeckt 10 Minuten ziehen lassen. **2.** Die Birnen schälen, längs vierteln, Kerngehäuse entfernen. Birnen in Stücke schneiden und in den Portweinsud geben. Leise köcheln lassen, bis die Birnenstücke weich sind. Birnenstücke im Sud auskühlen lassen. **3.** Den Backofen auf 170 °C Ober-/Unterhitze vorheizen. Ein Backblech (30 x 40 cm) mit Backpapier, etwas größer als das Blech, belegen. Einen Backrahmen daraufstellen, in gleicher Größe ausziehen und mit Küchenband umlegen. Das Küchenband festknoten. **4.** Die Mandeln auf ein Backblech geben. Das Backblech für etwa 10 Minuten in den vorgeheizten Backofen schieben. Die Mandeln hellbraun rösten. Abkühlen lassen. **5.** Birnenstücke abtropfen lassen, den Sud dabei auffangen (etwa 400 ml). Die Gewürze entfernen. **6.** Butter, Zimt und Salz in der Küchenmaschine mit Rührbesen schaumig rühren. Braunen Zucker und Salz dazugeben und etwa 4 Minuten schaumig rühren. **7.** Die Eier nach und nach unterrühren. Mehl,

Mandeln und Backpulver mischen und in mehreren Portionen unter den Teig rühren. Birnenstücke unterheben. **8.** Den Teig in den Backrahmen füllen und glattstreichen. Das Backblech für etwa 60 Minuten in den vorgeheizten Backofen schieben. Den Kuchen auf einem Kuchenrost auskühlen lassen. Backrahmen und Backpapier entfernen. **9.** Von dem Kuchen 2 Streifen (je 3,5 x 40 cm) abschneiden und kürzen (je 3,5 x 23 cm). Übrigen Kuchen in zwei Platten (je 20 x 23 cm) schneiden, die Streifen an die Platten legen, so dass 2 Quadrate (je 23 x 23 cm) entstehen. Den Kuchen mit Portweinsud beträufeln. **10.** Konfitüre aufkochen. Die Kuchenstreifen dünn damit bestreichen und ankleben. Restliche Konfitüre auf ein Kuchenquadrat streichen, das zweite Quadrat darauflegen.

BEEREN-SAHNETORTE

BILD 4

Für den Biskuitteig:

4	Eier (Größe L)
3	Eiweiß (vom Mürbeteig)
140 g	Zucker
3	Bio-Zitronen (unbehandelt, ungewachst)
160 g	Weizenmehl

Für die Füllung:

70 ml	Zitronensaft (von etwa 2 Zitronen)
250 g	rote Johannisbeeren
250 g	Brombeeren
500 g	Erdbeeren
750 g	Schlagsahne (32 % Fett)
8 Blatt	weiße Gelatine
1 Pck.	Dr. Oetker Bourbon-Vanille-Zucker
120 g	Zucker

1. 1 Backblech (30 x 40 cm) mit Backpapier belegen. Backofen auf 180 °C Ober-/Unterhitze vorheizen. **2.** Eier und Eiweiß in der Küchenmaschine mit Schlagbesen etwa 4 Minuten schaumig schlagen. Zucker und Salz einstreuen und mindestens 3 Minuten weiterschlagen. Zitronen heiß abspülen, trockentupfen und die Schale dünn abreiben. (2 Zitronen für die Füllung aufheben.) Mehl und Zitronenschale in mehreren Portionen unter die Eiermasse heben. **3.** Den Teig auf das Backblech geben und glattstreichen. Das Backblech für etwa 20 Minuten in den vorgeheizten Backofen schieben. **4.** Ein Stück Backpapier (mind. 30 x 40 cm) mit Zucker bestreuen. Den Zitronenbiskuit sofort nach dem Backen mit einem Messer vom Backblechrand lösen und auf das gezuckerte Backpapier stürzen. Mitgebackenes Backpapier abziehen. Biskuit auskühlen lassen. **5.** Von dem Biskuit einen Streifen (10 x 40 cm) abschneiden, daraus zwei Streifen (je 10 x 20 cm) schneiden. Aus dem restlichen Biskuit zwei Quadrate (je 20 x 20 cm) schneiden. Biskuit mit Zitronensaft beträufeln. **6.** Für die Füllung Beeren abspülen und abtropfen lassen. Johannisbeeren von den Rispen zupfen. Erdbeeren putzen und vierteln. Alle Früchte in eine große Schüssel geben. **7.** Gelatine in kaltem Wasser einweichen. Sahne steif schlagen. Die Gelatine ausdrücken und in einen kleinen Topf bei schwacher Hitze auflösen. 4 Esslöffel Schlagsahne in der heißen Gelatine schmelzen lassen und glattrühren. Die Masse in eine große Schüssel füllen. Vanillezucker und Zucker dazugeben. Die übrige Schlagsahne und die Beeren in mehreren Portionen zügig unterheben. **8.** Die Beerensahne auf die Biskuitquadrate verteilen und glattstreichen. Etwa 2 Stunden kalt stellen. Die Biskuitquadrate aufeinanderlegen. Mit den Biskuitstreifen bedecken. Evtl. mit einem Elektromesser die Seiten gerade schneiden.

Goldene Hochzeitstorte

Glücksmomente und stürmische Tage – wer seinen 50. Hochzeitstag feiert, hat hoffentlich alle Stresszeiten überwunden. Und eine Torte verdient, für die vor 50 Jahren vielleicht das Geld fehlte.

Zeitrahmen:

1 Woche vorher:
Die Ornamente aufspritzen.

3–4 Tage vorher:
Die Ornamente bemalen. Ingwer-Schokoladen-Kuchen und Ingwer-Baiser-Torte backen.

1 Tag vorher:
Ingwer-Baiser-Torte zusammensetzen. Die Kuchen mit Canachecreme überziehen, aufeinander stapeln.

Kurz vorher:
Die Ornamente ankleben.

Vor 50 Jahren wurde früher geheiratet als heute. Wer also jetzt den 50. Jahrestag seiner Hochzeit feiert, fühlt sich noch lange nicht alt. Das Goldpaar freut sich auf dieses besondere Fest. Weil sich bei der Goldenen Hochzeit die schönen und die traurigen Erinnerungen mit den guten Aussichten auf die Jahre bis zum diamantenen Jubiläum mischen.

Da darf die Torte betont klassisch wirken, mit barocken Füllhörnern und Schnörkeln à la Sonnenkönig. Ihr Inneres muss aber dem aktuellen Geschmack entsprechen.

Heute sind kaloriensatte Sahneschichten oder altmodisch kandierter Ingwer in zuckersüßer Schokomasse nicht mehr angesagt. Stattdessen lockt frischer Ingwer in der Kombination mit superleichter, fruchtig-säuerlicher Erdbeercreme. Auf ebenso leichten Baiserböden. Schokolade verwandelt sich in Mousse und füllt den Ingwerkuchen in der unteren Etage. Außerdem rundet sie als herb-süßer Überzug die sehr moderne, sehr raffiniert schmeckende und ungewöhnliche Aromenkombination aus Ingwer und Erdbeeren ab.

Darauf kommt es ja bei Hochzeitstorten an. Sie sollen, auch wenn das Festtagspaar schon 50 Jahre zusammengelebt hat, so überraschend sein wie für junge Brautleute. Sie sollen zeigen, dass Liebe nicht langweilig werden muss, sondern immer wieder erneuert werden kann. Mindestens ein halbes Jahrhundert lang.

INGWER-SCHOKOLADEN-KUCHEN

BILD 1

Für die Mousse au Chocolat:

- 300 g Zartbitter-Kuvertüre
- 4 Eiweiß (Größe L)
- 150 g Zucker
- 4 Eigelb (Größe L)
- 150 g geschälte gemahlene Mandeln

Für den Rührteig:

- 300 g Zartbitter-Kuvertüre
- 500 g kandierter Ingwer
- 1,2 kg Weizenmehl
- 2 Pck. Dr. Oetker Backin
- 600 g weiche Butter
- 5 Tropfen Rum-Aroma
- 500 g brauner Zucker
- 1 Prise Salz
- 12 Eier (Größe L)

1. Ein Backblech mit Backpapier auslegen. Einen flexiblen Tortenring (Höhe 10 cm) daraufstellen und ausziehen (Ø 28 cm). Einen etwa 87 cm langen Streifen Backpapier abreißen und der Länge nach falten. Den Streifen in den Tortenring stellen. Die Backpapierecken am Ring hochziehen und mit Küchenband umlegen. Das Band festknoten. Den Backofen auf 170 °C Ober-/Unterhitze vorheizen. **2.** Für die Mousse au Chocolat die Kuvertüre in Stücke brechen und im Wasserbad schmelzen. **3.** Für den Rührteig die Kuvertüre hacken. Den Ingwer fein hacken, in eine große Rührschüssel geben und mit Mehl, Backpulver und gehackter Schokolade mischen. **4.** Butter und Rum-Aroma in der Küchenmaschine mit Rührbesen etwa 4 Minuten schaumig schlagen. Braunen Zucker und Salz unterrühren. Eier nach und nach unterrühren. **5.** Die Buttermasse in die große Rührschüssel geben, alle Zutaten miteinander verrühren. Den Teig in den Tortenring geben und glattstreichen. **6.** Für die Mousse Eiweiß in der Küchenmaschine mit Schlagbesen steif schlagen. Zucker in etwa 4 Minuten unterrühren. Eigelb mit der geschmolzenen Schokolade verrühren. Ein Drittel Eischnee mit einem Teigschaber zügig unter die Schokoladenmasse heben. Gemahlene Mandeln und den restlichen Eischnee unterheben. **7.** Die Masse in einen Spritzbeutel mit Lochtülle (Ø 12 mm) füllen und gleichmäßig in den Teig spritzen, dabei die Lochtülle mehrfach tief in den Teig stecken und nach oben ziehen. **8.** Das Backblech für etwa 3 Stunden in den vorgeheizten Backofen schieben. Den Teig nach etwa 30 Minuten mit Backpapier belegen. **9.** Den Kuchen auf einem Kuchenrost abkühlen lassen. Tortenring und Backpapier entfernen.

Ingwer Erdbeeren Zucker

INGWER-BAISER-TORTE

BILD 2

Für die Erdbeercreme:

- 1 kg TK-Erdbeeren
- 14 Blatt weiße Gelatine
- 200 g Zucker
- 750 g Schlagsahne (32 % Fett)

1. Zwei flexible Tortenringe (Höhe 10 cm) bereithalten. Für die Erdbeercreme die Erdbeeren bei Zimmertemperatur auftauen lassen. **2.** Auf 5 Bögen Backpapier jeweils einen Kreis (Ø 20 cm) zeichnen. 4 Backbleche und 1 Gitterrost mit 2 Alu-Tortenscheiben bereit legen. Den Backofen auf 140 °C Umluft vorheizen. **3.** Für das Baiser den Ingwer schälen und sehr fein würfeln. Eiweiß, Salz und 100 g Zucker in der Küchenmaschine mit Schlagbesen etwa 5 Minuten steif schlagen. Restlichen Zucker dazugeben und weitere 10 Minuten schlagen. **4.** Nacheinander Speisestärke und Ingwerwürfel kurz unterheben. Die Masse in einen Spritzbeutel mit Lochtülle (Ø 10 mm) füllen. Backpapiere umgedreht auf die Arbeitsfläche legen. Von außen nach innen Ringe in die markierte Fläche spritzen. Backpapiere auf die Bleche und die Tortenscheiben ziehen und für etwa 1 Stunde in den vorgeheizten Backofen schieben. **5.** Die hellbraunen Baiserböden auf Kuchenrosten abkühlen lassen. Das Backpapier entfernen. **6.** Ein Backblech mit Backpapier auslegen. Den Backofen auf 180 °C Ober-/Unterhitze vorheizen. **7.** Die Zutaten für den Mürbeteig in eine Rührschüssel geben und mit Handrührgerät mit Knethaken zu einem glatten Teig verarbeiten.

Für das Baiser:

- 50 g frischer Ingwer
- 8 Eiweiß (Größe L)
- 1 Prise Salz
- 350 g feiner Zucker
- 100 g Speisestärke

Für den Mürbeteig:

- 300 g Weizenehl
- 1 Prise Salz
- 200 g Butter
- 100 g Zucker
- 1 Eigelb (Größe L)

Zum Bestreichen:

- 2 EL Aprikosenkonfitüre

8. Den Teig auf ein Stück Backpapier legen. Mit Mehl bestäuben und zu einem Kreis (Ø etwa 20 cm) ausrollen. Mit einem Tortenring (Ø 20 cm) ausstechen. Das Papier auf ein Backblech ziehen. Das Backblech für etwa 10 Minuten in den vorgeheizten Backofen schieben. **9.** Mürbeteigplatte mit dem Papier auf einem Kuchenrost auskühlen lassen. **10.** Den Mürbeteig auf eine Tortenscheibe legen. Aprikosenkonfitüre glattrühren und auf den Mürbeteig streichen. Einen Baiserboden darauflegen. Einen Tortenring darumstellen und festziehen. **11.** Gelatine in kaltem Wasser einweichen. Die Erdbeeren pürieren. Zucker unterrühren. Gelatine ausdrücken und in einem kleinen Topf bei schwacher Hitze auflösen. Topf vom Herd nehmen. 6 Esslöffel Püree unter die Gelatine rühren. Gelatinemasse unter das restliche Erdbeerpüree rühren. Unter gelegentlichem Rühren kalt stellen, bis es zu gelieren beginnt.

12. Sahne steif schlagen. Die Hälfte der Sahne unter das Erdbeerpüree rühren. Restliche Sahne mit einem Teigschaber unterheben. **13.** Die Erdbeersahne in 4 Portionen teilen, 1 Portion in den Tortenring geben und glattstreichen. 3 weitere Böden mit der restlichen Erdbeersahne einschichten und mit dem letzten Boden bedecken. Nach dem dritten Baiserboden einen zweiten Tortenring auf den ersten stellen und mit einem Streifen Alufolie fest umschließen. **14.** Die Torte mindestens 8 Stunden kalt stellen. Die Tortenringe entfernen.

SCHMUCK

Für die Goldornamente:

400 g	Icingpulver
2 TL	Gummi arabicum (Stabilisator)
etwa 30 ml	kaltes Wasser
1 Dose	Speisefarbenpaste Gold-Metallic
etwa 50 g	goldfarbene Zuckerperlen

KLEID

700 g	Marzipan-Rohmasse
etwa 300 g	gesiebter Puderzucker
400 g	Aprikosenkonfitüre
1 kg	Schlagsahne (32 % Fett)
1 kg	Zartbitter-Kuvertüre

WERKZEUGE

3	Einwegspritzbeutel
	feine Lochtüllen Nr. 1 und 3
1	feiner Pastellpinsel
	Palette
	Teigrolle
	Metall-Lineal
	Schere
2	Alu-Tortenscheiben
1	Torten-Drehscheibe
1	Lochtülle (Ø 6, 10 und 12 mm)
1	Pinzette

1. Das Muster auf Papier übertragen. Aus Backpapier 12 Quadrate (20 x 20 cm) ausschneiden. (Es werden 10 Ornamente benötigt.) **2.** Für die Goldornamente Icingpulver mit Gummi arabicum mischen. Zwei Drittel davon mit Wasser verrühren. Übriges Icingpulver portionsweise unterrühren, bis ein elastischer Spritzguss entstanden ist. Den Spritzguss durch ein feines Sieb drücken. Guss in einen Spritzbeutel mit feiner Lochtülle Nr. 3 und einen Spritzbeutel mit Lochtülle Nr. 1 füllen. Die Tüllen mit einem feuchten Tuch abdecken. **3.** Für jedes Ornament 1 Stück Backpapier auf das vorgezeichnete Ornament legen. Die Umrisse (das Grundgerüst) mit Lochtülle Nr. 3 aufspritzen. Etwa 2 Stunden trocknen lassen. **4.** Die Blüten und feinen Linien der Ornamente mit der Lochtülle Nr. 1 nachspritzen. Die Ornamente mindestens 2 Tage trocknen lassen. **5.** Mit einem weichen Pinsel die Ornamente mit Goldpaste bemalen. **6.** Für die Ingwer-Baiser-Torte 300 g Marzipan-Rohmasse mit 100 g Puderzucker verkneten. Ein Drittel davon zu einer runden Platte (Ø 20 cm)ausrollen. Die Aprikosenkonfitüre in einem Topf glattrühren, erhitzen, vom Herd nehmen. Den oberen Baiserboden mit 1 Esslöffel Aprikosenkonfitüre dünn bestreichen, die Marzipanplatte darauflegen. Restliches Marzipan zu einer Rolle (etwa 70 cm Länge) formen, flachdrücken und zu einem Streifen (etwa 14 cm Breite) ausrollen, geradeschneiden. Den Streifen mit Puderzucker bestäuben, aufrollen, am Tortenrand abrollen und leicht andrücken. **7.** Überstehende Kanten des Deckels und des Seitenstreifens rundherum zusammendrücken. **8.** Die Kanten mit einer Schere glattschneiden. Die Oberfläche des Ingwerkuchens gerade schneiden, den Kuchen umdrehen. Aprikosenkonfitüre erneut erwärmen, den Kuchen damit einstreichen. Restliche Marzipan-Rohmasse mit 150 g Puderzucker verkneten. Eine Hälfte davon zu einer runden Platte (Ø etwa 30 cm) ausrollen. Die zweite Hälfte zu einer Rolle (90 cm Länge) formen, flachdrücken und zu einem Streifen (etwa 11 cm Breite) ausrollen, geradeschneiden. Die Torte wie beschrieben mit Marzipan einkleiden. **9.** Sahne in einem Topf erhitzen. Kuvertüre grob hacken, in der heißen Sahne schmelzen und glattrühren. Canache abkühlen lassen, bis sie eine zähfließende Konsistenz hat. Etwa 100 g davon beiseitestellen. Kuchen und Torte nacheinander auf eine Drehscheibe stellen. Nacheinander mit Canachecreme bestreichen. Dafür die Canache jeweils auf die Tortenoberfläche gießen und mit einer Palette so verstreichen, dass sie herunterfließt. Die Canache mit der Palette am Rand glattstreichen. Für 20 Minuten kalt stellen. Mit einem Messer zwischen Canache und Tortenscheibe entlangfahren. Den Ingwerkuchen auf die Torten-Servierplatte schieben. Die Ingwer-Baiser-Torte darauf setzen. **10.** Die übrige Canachecreme mit einem Schneebesen glattrühren. In einen Spritzbeutel mit Lochtülle (Ø 6 mm) füllen. Die unteren Kanten der Torten mit Tupfen verzieren. **11.** Auf jeden Tupfen mit einer Pinzette eine Zuckerperle legen. **12.** Die Canachecreme evtl. mit einem Fön sehr kurz anschmelzen. Die Zuckerornamente vorsichtig ankleben.

1
2
3
4
5
6
7
8
9
10
11
12

Allgemeine Hinweise

Werkzeuge

1 Tortenetagere
2 Säulenetagere
3 Tortendrehteller
4 Einweg-Spritzbeutel
5 Küchenmaschine
6 Metallschiene/Lineal
7 Bunsenbrenner
8 Flexible Tortenringe und Backrahmen
9 Alu-Tortenunterlage eckig und rund
10 Küchensieb
11 Kuchengitter
12 Kuchenpappen
13 Prägestempel
14 Blatt- und Blütenausstecher
15 Rührschüssel mit Schneebesen
16 Silikon-Backmatte
17 Silikon-Rollstab
18 Teigrolle
19 Glättespachtel
20 Teigspachtel
21 Modelliermatten
22 Tortenaustechform
23 Aufolie oder Stanniolpapier
24 Liliennagel-Set
25 Holzstäbchen
26 Holzspieße
27 Spritztüllen (Sterntüllen, Lochtüllen, Blütentüllen, Blatttüllen)
28 Modellierwerkzeuge
29 Winkelpaletten
30 Tortenmesser
31 Teigschaber
32 Blumennagel
33 Ausstechringe
34 Küchenband
35 Fondantmesser
36 Backpinsel, feine Pinsel
37 Schere
38 Pinzette
39 Muffinform
40 Präge-Roller
41 Silikon-Schwanform

Rezept gut durchlesen

Lesen Sie bitte vor der Zubereitung – besser noch vor dem Einkaufen – das Rezept einmal vollständig durch. Oft werden Arbeitsabläufe oder -zusammenhänge dann klarer.

Die in den Rezepten angegebenen Backtemperaturen und -zeiten sind Richtwerte, die je nach individueller Hitzeleistung des Backofens über- oder unterschritten werden können. Bitte beachten Sie deshalb bei der Einstellung des Backofens die Gebrauchsanweisung des Herstellers.

Rezept evtl. vorher ausprobieren

Sollten Sie Zweifel haben, ob Ihnen das Tortenkunstwerk auf Anhieb gelingt, können Sie z. B. die Zubereitung der Dekoration im Vorhinein testen.

Zubereitungszeiten

Die Zubereitungszeit beinhaltet nur die Zeit für die eigentliche Zubereitung, die Backzeiten sind im Rezept ausgewiesen. Längere Wartezeiten wie z. B. Kühlzeiten sind ebenflals nicht mit einbezogen.

Herstellerangaben beachten

Damit die Küchenmaschine alles gut schafft, die Herstellerangaben für die Teigmengen und Rührzeiten beachten. Eventuell die Teige in mehreren Portionen zubereiten.

Hände benutzen

Bei großen Teigmengen sollte man sich nicht scheuen, die eigenen Hände zum Kneten oder zum Mischen und Unterheben der Zutaten zu benutzen. Eventuell Einweghandschuhe verwenden.

Backformen und Bleche im Ofen austesten

Bevor der Backofen vorgeheizt wird, sollten Backbleche, Alu-Platten oder andere Formen in den Ofen geschoben werden, um sicher zu gehen, dass sie hinein passen.

Kühlmöglichkeit prüfen

Wer eine große Hochzeitstorte zubereitet, sollte die Kühlmöglichkeit prüfen. Den Kühlschrank evtl. leer räumen und sicherstellen, dass keine Fremdgerüche vorhanden sind. Für die Höhe der Torte müssen eventuell Regalböden verändert werden.

Transportwege berücksichtigen

Wenn die Hochzeitstorte einen langen Transportweg hat, sollte man den Transport planen und auch daran denken, die Torte evtl. erst vor Ort zusammenzusetzen oder zu verzieren.

Für lange Transportwege sollten unempfindliche Torten ausgewählt werden. Sie sollten weder wärmeempfindlich sein, noch größere Erschütterungen beim Transport übel nehmen.

1
2
3
4
5
6
7
8
9
10
11
12
13
14
15
16
17
18
19
20
21
22
23
24
25
26
27
28
29
30
31
32
33
34
35
36
37
38
39
40
41

Zutaten

Tipps:

Einkauf des Zubehörs

Die für die Tortenzubereitung notwendigen Werkzeuge und speziellen Zutaten sind im gut sortierten Fachhandel oder über das Internet erhältlich.

Luftfeuchtigkeit

Rollfondant besteht aus Zucker, zieht Luftfeuchtigkeit an und wird irgendwann weich.

Wenn eine Torte mit Rollfondant eingekleidet ist und längere Zeit im Kühlschrank stehen muss, sollte der ausgerollte Fondant dünn mit Butter oder Kakaobutter bestrichen werden. Das verhindert das Weichwerden des Rollfondants.

Eine dünne Butterschicht verhindert auch das Weichwerden bei direktem Kontakt mit Creme- oder Sahnefüllungen.

Karamell bzw. Isomalt ist ebenso feuchtigkeitsempfindlich und sollte nicht lange im Kühlschrank aufbewahrt werden. Am besten erst kurz vor dem Servieren auf die Torte montieren.

Es kann auch ein Blech mit Salz in den Kühlschrank geschoben werden. Das Salz zieht die Feuchtigkeit aus dem Kühlraum an.

An heißen Tagen:

Bei Tortenfüllungen mit Gelatine an heißen Tagen 1–2 Blatt Gelatine mehr verwenden.

Kuchenreste

Aus abgeschnittenen Kuchenstücken lässt sich ein Trifle zubereiten. Die Kuchenstücke in Würfel schneiden. Große Gläser zu einem Drittel damit füllen. Die Kuchenstücke nach Belieben mit Marsala (oder einem anderen Süßwein) oder Obstsaft tränken. Eine Schicht frisches Obst oder Kompott darauf verteilen. Mit Pudding, geschlagener Sahne oder Joghurt auffüllen. Mit geraspelter Schokolade, Krokant oder gerösteten Mandeln bestreuen.

Zutaten

1 Icing Pulver
2 Blattgold
3 Zuckerperlen
4 Metallic-Farben
5 Isomalt Pulver
6 Farbpuder Gold und Silber
7 Speisefarben
8 Lebensmittel-Farbspray
9 Blütenpollen
10 Rollfondant
11 Farbpasten
12 CMC-Pulver
13 CMC-Kleber

Abkürzungen

EL	=	Esslöffel
TL	=	Teelöffel
Msp.	=	Messerspitze
Pck.	=	Packung/Päckchen
g	=	Gramm
kg	=	Kilogramm
ml	=	Milliliter
geh.	=	gehäuft
gestr.	=	gestrichen
TK	=	Tiefkühlprodukt
°C	=	Grad Celsius
Ø	=	Durchmesser
E	=	Eiweiß
F	=	Fett
Kh	=	Kohlenhydrate
kcal	=	Kilokalorien
kJ	=	Kilojoule

1
2
3
4
5
6
7
8
9
10
11
12
13
Pearly colouring agent
Spray colorant nacré
OR
GOLD

Tipps und Tricks

1. Für die großen Kuchen mit großen Mengen Teig sollte eine große Rührschüssel mit 7–10 Litern Inhalt zur Verfügung stehen. **2.** Um das Auslaufen von weichen Teigen beim Backen zu verhindern, stellt man flexible, runde oder eckige Tortenringe oder Backrahmen auf einen Bogen Backpapier. Die Papierecken mit einem Teigklecks an den Rahmen hochlegen und ankleben. **3.** Damit sich flexible Tortenringe oder Backrahmen durch schwere Teige nicht verstellen, sollten sie mit einem hitzebeständigem Bindfaden fest zugebunden werden. **4.** Für hohe Kuchen sollte der Rand des Tortenringes oder der Backform mit Backpapier ausgelegt werden. Dafür ein Stück Küchenband um die Kuchenform legen. Backpapier auslegen und die Länge des Bandes auf das Backpapier übertragen. Das Backpapier abschneiden und längs doppelt legen. Das Backpapier an den Rand der Kuchenform legen. Eventuell mit einem Teigklecks an den Rand kleben. **5.** Kuchenteig an den Rand hochstreichen, damit er in der Mitte nicht so hoch aufgeht. **6.** Beim runden Aufstreichen von Biskuit- oder Mandelmassen eine runde Tortenscheibe unter das Backpapier legen. **7.** Um ganz sicher zu gehen, dass schwere Kuchen mit ungewöhnlich großem Umfang auch innen durchgebacken sind, sticht man mit einem Holzstäbchen in die Mitte des Kuchens. Bleibt kein Teig kleben, ist er durchgebacken. Wenn Teig kleben bleibt, den Kuchen noch weiterbacken und eine weitere Garprobe machen. **8.** Kuchen umdrehen und auskühlen lassen, evtl. etwas andrücken, so dass die Kuppel flacher wird. **9.** Umgedrehte, ausgekühlte Kuchen mit kleinem Messer aus den Rahmen schneiden. Den Backrahmen vorsichtig hochziehen. **10.** Bei hoch eingeschichteten Torten, die höher als 10 cm werden, sollten zwei Tortenringe übereinander gestellt werden. Damit sie nicht verrutschen, legt man einen Streifen Alufolie um die Ringe und zieht sie fest. Die Folienenden miteinander verknicken. **11.** Für eine Spritztüte ein Backpapierdreieck auf die Arbeitsfläche legen. Die lange Seite nach hinten. Die rechte Seitenspitze einschlagen und auf die unten liegende Dreiecksspitze legen. **12.** Die linke Papierspitze überschlagen und so eindrehen, dass alle drei Spitzen des Dreiecks aufeinanderliegen **13.** Um den Umfang auf einfache Weise auszumessen, legt man einen Bindfaden um den Kuchen. Das Bindfadenmaß überträgt man auf den Rollfondant oder das Marzipan und schneidet ihn ab. **14.** Um Cremetorten sauber einzustreichen, wird zuerst die Creme dünn auf den Kuchen gestrichen, um die Krümel zu binden. Die Torte kühl stellen. **15.** Die dünn bestrichene, gekühlte Torte mit reichlich Creme einstreichen. Auf eine Tortendrehscheibe setzen und mit einer Teigkarte die Oberfläche glatt ziehen. **16.** Zur Stabilisierung von weichen Torten werden Holzdübel gebraucht. Die Holzdübel in die Torte einstecken und mit einer Rosenschere abschneiden. Auf die so stabilisierte Torte wird ein Tortenteller gelegt und die nächste Torte kann aufgestapelt werden. **17.** Sauber eingestrichene Torten sollten vor dem Verschieben mit einem Messer angelöst werden. Man zieht mit einem angewärmten Messer zwischen Creme und Tortenplatte und löst die Torte. So bleibt man beim Verschieben nicht hängen. **18.** Um perfekte Bögen aufspritzen zu können, sollten vor Beginn in gleichmäßigem Abstand Punkte markiert werden. Es gibt Dekor-Prägesets um Markierungen in die Creme einzudrücken. **19.** Wenn eckige Kuchen vom Maß abweichen, kann man das Lineal schräg legen und abmessen. So erhält man trotzdem gleichmäßig große Stücke. **20.** Rollfondant einfärben: Rollfondant geschmeidig kneten und zu einer Rolle formen. Etwas flach drücken. Lebensmittelfarbstoff in der Mitte der Fondantrolle verteilen. **21.** Die Fondantrolle aufrollen und zusammendrücken. **22.** Den Fondant kneten, bis sich die Farbe verteilt hat. Um Marmorierungen zu erzielen, sollte der Rollfondant mehrere Male flach gedrückt und wieder verknetet werden. **23.** Zum Eindrücken von Mustern gibt es Prägerollen mit unterschiedlichen Musterungen. **24.** Angerührte Icing-Masse lässt sich problemlos mehrere Tage im Kühlschrank aufbewahren. Die Icing-Masse in Einweg-Spritztüten füllen. In die Tüllen einen Holzstab stecken und die Spritztüten in ein feuchtes Geschirrtuch wickeln.

1
2
3
4
5
6
7
8
9
10
11
12
13
14
15
16
17
18
19
20
21
22
23
24

Kapitelregister

Alphabetisches Register